應·用·行·為·分·析·入·門·手·冊

Understanding Applied Behavior Analysis

Albert J. Kearney—— 著　　孟瑛如、簡吟文、吳侑達—— 譯

Understanding
Applied Behavior Analysis

An Introduction to ABA
for Parents, Teachers,
and other Professionals

Second Edition

Albert J. Kearney

Copyright © Albert J. Kearney 2015

First published in the UK in 2007 by Jessica Kingsley Publishers Ltd

Second edition published in 2015

73 Collier Street, London, N1 9BE, UK

www. jkp. com

Complex Chinese Edition Copyright © 2018 by Psychological
Publishing Co., Ltd.

我要將本書獻給 Joe Cautela（1927-1999），我的良師、我的益友，在很久之前協助我了解何謂「應用行為分析」。同時也獻給 Mary Grace Baron Moran（1945-2015），我的同學、同事，以及摯友，一位我所見過最正向勵志的人。

目次
C O N T E N T S ● ● ●

作者簡介
About the Author ● ● ●

Albert J. Kearney

　　Kearney 博士為學校心理師，也是臨床心理師。大學主修社會學，研究所到波士頓學院（Boston College）研讀行為改變，1976年拿到諮商心理學的博士學位，在此領域中已有超過三十年的經驗。

譯者簡介
About the Translators ● ● ●

孟瑛如
美國匹茲堡大學特殊教育博士
國立清華大學特殊教育學系教授

簡吟文
國立彰化師範大學特殊教育學系博士候選人
國立新竹教育大學特殊教育碩士
新竹市南寮國小教師兼學務主任

吳侑達
國立臺灣大學翻譯碩士學位學程畢

致謝辭
Acknowledgments ● ● ●

寫致謝辭時，常常會擔心自己遺漏了某人。如果要列出學習應用行為分析之路上，所有幫助過我的人，或是列出所有貢獻良多、促成本書誕生的人，這整本書恐怕就要厚上一倍了吧！

當然，有些人是我必須感謝的。我要感謝學習途中提攜我的三位師長：Joe Cautela、Al Jurgela 和 Bruce Baker。再來，我也要感謝 Mike Fabien，他是梅納德公立學校（Maynard Public Schools）學生服務室（Pupil Services）的第一屆主任，也是第一個給我機會實際操作行為分析的人。

除此之外，撰寫這本書期間，不少親朋好友也有協助審閱好幾個版本的稿件，並給了我許多深刻的指教。這些人包括 Liz Crowley、Shelley Green、Brian Jadro、Meghan Martineau、Chinye Nolisa、Judy Robinson、John Sforza 和 Jeanne Xantus。他們都是應用行為分析領域的佼佼者，有的是博士，有的則是博士級認證行為分析師（board-certified behavior analyst – doctoral）。接下來，我也想向 Jessica Kingsley 出版社的朋友表示感謝之意。Steve Jones、Melanie Wilson、Lucy Mitchell、Sarah Minty 和 Danielle McLean，謝謝你們的耐心協助。

　　幫助的形式百百種，我還要感謝梅納德公立學校的朋友，給了我一堆紙鎮。我不是很井井有條的人，要不是有那些紙鎮，我的桌上大概就會紙張四散，根本難以找到要的東西，這本書也就不可能問世了。所以，我要是沒能感謝這些朋友，那可就太失禮了。

　　最後，我要特別感謝任職於南岸心理健康中心（South Shore Mental Health Center）和行動治療公司（Action Therapies Inc.）的另外一位Kearney 博士──也就是我的妻子 Anne。感謝她一路相伴，時時給予我莫大的協助。

緒論

Introduction ●●●

　　何謂應用行為分析（applied behavior analysis, ABA）？市面上討論這個問題的書籍及學術論文，其實已經數之不盡，但本書有其特別之處。本書的寫作目的，在於清楚介紹何謂應用行為分析。若你的孩子正在接受相關治療，或者你是教職人員，每天都要面對越來越多有這方面需要的孩子，甚至你就是第一線接觸孩子，並且教導這些課程的專業治療師和相關輔導人員，本書會提供簡單扼要的說明，讓你更加理解相關的專業術語、基本原埋，以及常見的治療程序。

　　儘管本書的主要目的是介紹 ABA 的基礎觀念，但書中仍有些例子會牽涉到泛自閉症類群（autism spectrum disorders, ASDs）的兒童。這是因為許多人首次注意到 ABA，都是因為身旁有孩子疑似是泛自閉症，而近年來，不少人之所以關注此一治療方法，也是由於它對治療泛自閉症頗有效果。有鑑於此，本書當然會多多討論這方面的應用。然而，ABA 的用途，絕非只限於泛自閉症或特殊教育，那僅是冰山一角而已。我鼓勵各位閱讀本書時，可以多去思考它還有哪些日常生活的用途。

　　對於不少有興趣的讀者來說，第一個碰上的難題，其實就是「ABA」

到底是什麼意思？雖說讀完此書後，你必然可以輕易回答這個問題，但趁我們還沒正式開始之前，先解釋一下，讓你暖暖身。簡單來說，ABA 是一套有系統的行為改變方法，背後有學理支持。在 ABA 的範疇中，需要改變的不當行為，通常是會影響到人際互動的行為。而由於 ABA 是運用科學的方法，去改變特定對象的行為，它通常會仰賴許多介入方案（intervention program）來觀察對象，蒐集相關資料，隨時評估介入是否有效。

這些年來，絕大多數的學術領域，都已經發展得相當完善，且多已開發出了一套專屬的詞彙，ABA 自然也不例外。初次接觸的人，常會被這些專業術語嚇得退避三舍，教育工作者也經常抱怨，有些提供教育訓練的專家滿口聽不懂的專業詞彙，實在教人無所適從。如前所述，這本書就是希望能揭開這些拗口術語的神祕面紗，讓讀者能盡快進入狀況，搞懂專家學者究竟在說些什麼，免得讀了老半天，還是一頭霧水、不知所措。

本書所希望提供的內容，是 ABA 的基礎觀念，換句話說，就是 ABA 的 ABCs。眾所周知，ABA 是應用行為分析的縮寫，而 ABCs 就是「入門」的意思，表示這本書是為了初學者所寫。不過，熟悉 ABA 的讀者會知道，這裡的「ABC」其實具有雙重意義，它同時也是 B. F. Skinner 的後

效增強（contingencies of reinforcement）──前事（Antecedent）、行為（Behavior）和後果（Consequence），這三者要說是 ABA 的根基也不為過。本書除了會完整探討這三大基礎，也會介紹其他行為分析的名詞及觀念。

不僅如此，本書也試著將原本拗口難懂的專業術語，轉化為簡單易懂的文字。在書中，我會用日常用語來解釋各個觀念和詞彙，而不是一股腦地拋出一堆標準定義。所以，讀者只要好好讀完本書，應該會對絕大多數的行為分析名詞有所認識。當然，本書所涵蓋的專有名詞，嚴格說起來並不全是 ABA 的詞彙，但只要提到行為分析，多少都還是會碰到這些字彙，所以不如一併講解。

我會盡己所能，讓閱讀過程不至於太過挫折。因此，我偶爾會來點幽默，稍作調劑，免得初次接觸行為分析術語和文獻的讀者太過緊繃焦慮。除此之外，本書的寫作風格雖然刻意走輕鬆路線，但內容的正確度絕不妥協，和研究所教科書絕對不相上下。當然，單是讀完本書，並不表示讀者就能成為 ABA 的治療師，但至少可以對此有所了解，不至於做出錯誤決定，或是至少懂些門道，了解如何辨別好壞，就像棒球粉絲不一定會打棒球，但卻懂得很多棒球知識一般。

在第一部分「ABA 的 ABCs」中，我會具體解釋 ABA 的基本原理，還有三大基礎——前事、行為和後果。有了這部分的知識後，接下來就會談談操作制約（operant conditioning）的學習操作和增強計畫。除此之外，我也會簡短介紹其他類型的學習。在第二部分「概念整合」中，則會討論這些基本原理的實務應用，探討行為分析如何應用到真實的不當行為上。在此一部分，我還會介紹一套系統性的行為評量方法，以及許多常見的行為介入技巧。說起來，行為分析的專家實在是很有創意的一群人，因為新穎、極富創造性的實務應用總是不斷推陳出新。因此，本書中所收錄的行為分析技巧，自然會有遺珠之憾，但較為重要常見的技巧，一定都會提到。

本書是要讓讀者了解「那些專家到底在說什麼」，而非「他們是怎麼做到這件事的」。如果想知道如何操作行為分析，或許該另尋他處，畢竟坊間已有很多寫得極好的相關著作。關於這些著作，我在本書附錄中會提到幾本。不過，若篇幅許可，我也會「偷渡」一些建議讀物在內文裡頭。

前面提過，我會用豐富的實例去闡釋許多概念，但例子一多，不免有些無趣，尤其是像「他們如何如何」、「學生如何如何」，或是「孩子如何如何」這些字句更是一再出現。為此，我特別找了幾位「虛構的朋

友」，來擔任各個實例的主角。之前讀過我著作的讀者，或許對他們會有些許印象。總之，他們在書中不僅會扮演兒童的角色，偶爾也會擔綱主演大人，希望讓例子更為鮮活。

　　本書的用途廣泛，除了按部就班、從頭到尾讀完以外，也可以拿來當作專業詞彙表，只是詞彙的排列沒有按照英文字母順序而已。書中提及的專有名詞和觀念，都是按照邏輯來安排先後順序，彼此相輔相成，而不是依照英文字母順序。如此一來，讀者就可以先認識較為基礎的詞彙，後面要是遇到了較為複雜的觀念，也會比較容易理解。比起東查一個字、西找一個詞，這樣更能看到 ABA 的全貌。不過，本書還是附有 A 到 Z 的名詞快速索引，如果需要的話，不妨查看。

　　閱畢本書後，不妨擺在離自己最近的書櫃上，一有需要就可以隨時取用。讀者可以視本書為一本方便易懂的參考書，是閱讀較專業之文本的良師益友。或者，有位讀者也曾建議，不妨將這本《應用行為分析入門手冊》視為一把萬用瑞士刀，無論任何 ABA 的書籍，它通通能幫忙拆解！

　　這本書經過多年醞釀，今天能夠付梓，都要感謝背後貢獻良多的眾多人們。假如對於本書有任何指教，或是恰好有絕佳的例子，可以用來解釋書中的觀念，請務必寄給 Jessica Kingsley 出版社，他們會再轉交給我。

現在，如果你早就滿肚子疑惑，某個名詞到底是什麼意思，不妨立刻翻到「快速索引 A-Z」，找出它藏在書中何處。當然，你也可以翻到第 1 章，從頭開始閱讀。兩者都不失為好方法。總而言之，如果想了解 ABA 的話，從認識各個名詞開始，是很好的第一步，就像是塑造（shaping）一樣。什麼？你不知道塑造是什麼？這個嘛，我當然可以直截了當地講出答案，但你若可以自己找出解答，日後才不會輕易忘掉。所以呢，快點開始讀下去吧！但要是你是那種找不到解答就讀不下書的人，我先在這裡揭開謎底吧──你可以直接翻到第 90 頁，找出「塑造」到底是怎麼一回事。

譯者序
Preface ●●●

　　何謂應用行為分析（applied behavior analysis, ABA）？ABA 通常是指一套依據學理的行為改變方法，透過系統性的方式去促進良好的行為。誠如這本書的原作者一開始在緒論中所言，市面上討論這個問題的書籍及學術論文，其實已經數之不盡，國內的情形也如此，但隨著「特殊教育支援服務與專業團隊設置及實施辦法」於 2013 年開始實施，各級學校對於身心障礙學生之評量、教學及輔導工作，應以專業團隊合作進行為原則，專業團隊意指由特殊教育教師、普通教育教師、特殊教育相關專業人員及學校行政人員等共同參與為原則，並得依學生之需要彈性調整。所稱特殊教育相關專業人員，指醫師、物理治療師、職能治療師、臨床心理師、諮商心理師、語言治療師、聽力師、社會工作師及職業輔導、定向行動等專業人員。應用行為分析（ABA）方法是專業團隊相關成員間合作的重要媒介方式。同時隨著校園內開始設置專任輔導教師，2014 年特殊教育三級制度與輔導三級制度結合開始，十二年國教課綱力推核心素養能力概念，希望每位學生在正向支持理念下，均能具備面對日常生活解決問題的能力，應用行為分析在師資培育課程中正式列為一門課。

面對越來越多應用行為分析的相關理論與實務，坊間多數的書籍都較偏向厚實與艱澀，其實應用行為分析簡要來說就是一套科學化有系統的行為改變方法，需要改變的不當行為，通常是會影響到人際互動的行為，因而會仰賴許多介入方案來觀察對象，蒐集相關資料，隨時評估介入是否有效。這在特教領域是特殊教育教師、普通教育教師、特殊教育相關專業人員及學校行政人員每天都須用到的常見行為改變方法。但為何沒有一本合適且簡潔的書可以讓我介紹給有使用需要或合作需求的人員有關 ABA 的 ABCs 呢？ABA 是 applied behavior analysis（應用行為分析）的縮寫，而 ABCs 就是「入門」的意思。因此當我看到這本 Albert J. Kearney 於 2015 年出版的 *Understanding Applied Behavior Analysis* 第二版時，有種覺得就是它了的感覺！

　　本書的寫作目的，在於清楚介紹何謂應用行為分析（ABA），提供基礎觀念、系統性的行為評量方法，以及許多常見的行為介入技巧。讀來理念清楚，言簡意賅，就是有關 ABA 的 ABCs。同時本書的最大特點是要讓讀者了解「那些專家到底在說什麼」，而非「他們是怎麼做到這件事的」，故而誠如原作者在書中所言：「若你的孩子正在接受相關治療，或者你是教職人員，每天都要面對越來越多有這方面需要的孩子，甚至你就

是第一線接觸孩子，並且教導這些課程的專業治療師和相關輔導人員，本書會提供簡單扼要的說明，讓你更加理解相關的專業術語、基本原理，以及常見的治療程序。」也如同原作者建議：「讀者可以視本書為一本方便易懂的參考書，是閱讀較專業之文本的良師益友。或者，有位讀者也曾建議，不妨將《應用行為分析入門手冊》視為一把萬用瑞士刀，無論任何ABA 的書籍，它通通能幫忙拆解！」

在繁忙的日常工作中，我、吟文及侑達花了一年的時間翻譯此書，我們雖然很努力，但相信翻譯內容上可能還有許多需要斧正之處，因為翻譯雖要忠於原文，但原文的解讀本就多元，若再加上不同的語言生活與文化背景，原文的解讀可能就更多元。只希望所有讀者都能由這本書中得到自己想要的內容或策略，更希望此書能對第一線工作者或是想了解應用行為分析理念與方法的讀者有所幫助！

清華大學特殊教育學系教授

孟瑛如謹識

快速索引 A-Z

PART 1

ABA 的 ABCs···

第 **1** 章　什麼是應用行為分析？

　　過去幾年以來，只要有人提到泛自閉症的兒童，常會順帶提到這樣一個專有名詞——應用行為分析（applied behavior analysis, ABA）。如果你今天恰好是父母、教師，或者在學校工作，那更是常常會有「應用行為分析是拯救這些孩子唯一解方」的印象。不僅如此，人們常常言之鑿鑿說要馬上開始這件事，否則孩子的麻煩可就大了！聽起來還真是嚇人，對吧？

　　不過，你可能會一肚子納悶，應用行為分析到底是什麼？它的來由為何？我對這個東西幾乎一無所知，到底要怎麼開始？我該上哪兒找這些答案？

　　如果這是你的心聲，恭喜你選對書了！這是個好的開始。接下來，我們會好好討論應用行為分析的「ABCs」，協助你一探究竟，看看那些行為心理學家、行為學家、特教工作者和行為分析師，到底對你的孩子或學生做了什麼事。這樣一來，為人父母者，在家也能給孩子妥善的協助，而為人師長者，也能適時給予學生援手，讓他們順利融入班級。那麼，正式開始之前，我們先來替應用行為分析做個快速的身家調查。說不定你會發現

自己知道的事情，其實比想像中來得多。

▍ 應用行為分析

應用行為分析就是 applied behavior analysis，以下簡稱 ABA。

如我在緒論中所言，ABA 是一套依據學理的行為改變方法，透過系統性的方式去促進良好的行為。乍聽之下，好像沒什麼大不了的，不就是運用增強物去獎勵「好」的行為，並且忽略「壞」的行為嗎？實則不然，ABA 並不僅僅如此，只要讀完這本書，你就會發現它更是包羅萬象。不過，有鑑於我們才剛開始，現在先來看看 ABA 的三大特色。只要了解這三大特色，就會更了解何謂 ABA。

首先，我們所欲改變的目標行為，必須是生活當中真正會用到的，這就是所謂「應用」（applied）的部分。第二，我們所欲改變的行為，必須真實、看得見，且可以觀測，而不是做一些看不見、摸不著的診斷就好了。除此之外，ABA 中的各個步驟，皆有學理的支持。這就是「行為」（behavior）的部分。ABA 的第三大特色，就是我們所做的決定，都是基於客觀蒐集而來的數據。這些數據幫助我們了解，自己所採取的介入方法，到底對特定的行為有何效果。從很多層面看來，ABA 其實就像是一場進行中的實驗，我們像是實驗者，密切地關注自己的各種介入中帶來何種效果，並且適時做出必要的調整。這個則是「分析」（analysis）的部分。

話說回來，我們在操作行為分析時，全神貫注在想要改變的行為本身，當然是非常重要的事，但我們也不能忘記其他同樣重要的因素，尤其是那些發生在行為之前的事情，也就是所謂的「前事」（Antecedent），或是行為所導致的結果，也就是行為「後果」（Consequence）。這兩項因素再加上「行為」（Behavior），就是所謂的「ABC」。本書的第一部分主要就是著重於討論這三項因素，並且探討它們和 ABA 有何關係。

▍後效增強

這 A、B、C 三者的關係相當密切，因此 Skinner 用了一個特別的名詞來指涉它們，那便是**後效增強**（contingency of reinforcement）。後效增強分為三個部分：（1）行為發生所依據的原因；（2）行為本身；（3）行為的後果（Skinner, 1968, p. 4）。

ABA 並非近來才橫空出世，這點或許出乎了很多人的意料之外。1974 年，國際行為分析學會（Association for Behavior Analysis International）其實便已成立於美國，當初稱為美國中西部行為分析學會（Midwest Association for Behavior Analysis）。不僅如此，《應用行為分析期刊》（*Journal of Applied Behavior Analysis, JABA*）首刊發行是 1968 年。如此看來，ABA 這塊領域的歷史，顯然比想像中更為悠久。另外，現在常常有人會爭論到底誰才是發明「行為治療」（behavior therapy）這個詞的人，但我倒沒怎麼聽過有人爭論，到底誰才是第一個使用「應用行為分析」這個詞的人。看起來，大家似乎都不太確定。有些人認為是 1965 年《行為改變技術之個案研究》（*Case Studies in Behavior Modification*）一書的編著者 Leonard P. Ullmann 和 Leonard Krasner，有人則說是 Montrose Wolf，他是《應用行為分析期刊》的首位編輯，也是創辦人之一。他最有名的事蹟，或許是在堪薩斯州的「杜松花園兒童計畫」（The Juniper Gardens Children's Project）中，推動了融合 ABA 原理的兒童補救教學。

ABA 這個領域，主要是奠基於偉大的美國心理學家 B. F. Skinner 的著作之上。Skinner 的許多學術貢獻，都是在心理學實驗室裡，孜孜不倦地研究各種行為和學習歷程而來。他和學生時常研究動物的行為，例如老鼠和鴿子，分析牠們在特定情境下的行為變化。Skinner 所做的這些事情，有時候會被稱為「行為分析」，或是「實驗性行為分析」（experimental analysis of behavior），至今已多次證實對人類也管用。Skinner 和他的弟子

後進所帶來的發現，後來應用到了許多不同的情境之中，例如學校、醫院、工作場所、賭場、運動和家庭。國際行為分析學會的會員中，目前已有超過三十五個特殊利益團體（special interest group），例如自閉症、行為老年病學（behavioral gerontology）、社會行動行為主義家（behaviorists for social action）、組織行為管理（organizational behavior management），以及臨床行為分析，由此可見 ABA 的應用範圍相當廣泛。一般來說，ABA 的這套方法，通常會採用不少 Skinner 所推行的介入方案（例如操作制約）並且持續進行監控，檢視特定的介入方案或治療方法是否發揮效果，這點我們稍後會更深入討論。

頭銜，到底是怎麼一回事？

從事 ABA 相關工作的人，常會用不同的頭銜稱呼自己。這裡提供最常見的幾個頭銜，幫助你一次搞懂，免得看了半天還是不知道到底誰是誰。

▌行為分析師

行為分析師（behavior analyst）便是從事應用行為分析的人，一般來說會希望受過妥善的訓練，以免力有未逮。雖然二十世紀時，多數的從業人員都是受過行為分析訓練，或者只是有相關經驗的心理師或一般教育工作者，但是最近幾年以來，越來越多大學和研究所開設 ABA 的學位。因此，現在的行為分析師，並不一定受過其他心理學領域的深入訓練。

認證行為分析師

顧名思義，**認證行為分析師**（board-certified behavior analyst, BCBA）便是受過認證的行為分析師。他必須符合相當高的學經歷要求，並且通過測驗，才有可能拿到執照。不過，雖然認證行為分析師受到的訓練，多半侷限於 ABA 本身，但他們也可能成為心理師、特教工作者，或是其他學科的專家。

目前，行為分析師認證委員會（Behavior Analyst Certification Board, BACB）除了提供認證行為分析師的資格之外，還有其他三種資格。首先，博士級認證行為分析師（BCBA-D），指的是具博士資格的認證行為分析師。再來，認證助理行為分析師（Board Certified assistant Behavior Analyst, BCaBA），指的是扮演助理角色的行為分析師。最後則是註冊行為分析執行員（Registered Behavior Technician, RBT），指的是負責執行行為分析的人。一般來說，助理行為分析師和行為分析執行員，需要在認證行為分析師的指導下工作，提供其需要的支援。助理行為分析師能協助蒐集有用的資訊，並設計行為方案，而執行員則是第一線的輔助型專業人員，直接與對象合作，工作場所通常是在個案家中或教室裡。

行為治療／行為治療師

行為治療師（behavior therapist）便是從事行為治療的人，並且應該跟行為分析師一樣受過良好的訓練。一般來說，**行為治療**（behavior therapy）是心理治療的一種方法，主要是透過符合學習原理的方法來進行治療，像是操作制約和古典制約。大多數的行為治療會要求個案與行為治療師會面晤談，這名行為治療師通常是受過特殊訓練的心理師，但有時也會是精神科醫師、社工、護士、諮商師等等。行為治療中的許多方法，除了引導願意合作的個案（兒童或成人都有可能）進行對話，還會直接應用行為治療

技巧。這些技巧很多都是以 ABA 為基礎所發展而來，其中最知名的技巧，或許是系統減敏法（systematic desensitization），於 1958 年由 Joseph Wolpe 所創，對減緩恐懼症（phobia）特別有效。

▌基進行為治療／基進行為治療師

傳統行為治療中，有些程序因為遵循基進行為主義（radical behaviorism），有時會被稱為**基進行為治療**（radical behavior therapy）。這種治療程序多會加入引導想像（guided imagery），常見的例子包括系統減敏法和內隱制約（covert conditioning）。

▌認知行為治療（CBT）／認知行為治療師

認知行為治療（cognitive behavior therapy, CBT）的範圍極廣，只要是幫助個案改變思考模式，或是轉換自我對話方式的心理治療方法，都可以算是認知行為治療。認知行為治療法的種類繁多，差異點在於依賴學習原理的程度高低。值得一提的是，這種治療法似乎特別有助於憂鬱症個案。另外，儘管多數人不會將認知行為治療視為 ABA 的一部分，但不少**認知行為治療師**（cognitive behavior therapist）工作時，其實還是會使用到 ABA 的原理。

▌臨床行為分析（CBA）／臨床行為分析師

簡單來說，**臨床行為分析**（clinical behavior analysis, CBA）其實就是「讓我們坐下來好好談談」，並藉此處理問題行為。這類的治療方式還不少，其中較為知名的兩種分別是「接納與承諾療法」（Acceptance and Commitment Therapy, ACT）和「辯證行為治療」（Dialectical Behavior Therapy, DBT）。

值得一提的是，這些分析或治療方法的共通處，在於它們都具有實證基礎。各個療法的擁護者，相當清楚很多症狀都是因問題行為（或稱目標行為）而生。因此，真正需要糾正的是問題行為本身，而不是之後衍生的症狀。

▌實證本位實務（EBP）

實證本位實務（evidence-based practice, EBP）指的是，不管做任何決定，都得有幾分證據說幾分話，而非自己胡亂揣測，或是輕易相信毫無根據的說法。不過，所謂的「證據」，其實包羅萬千。舉例來說，我們會稱較不可信的證據為「軼事類型證據」（anecdotal evidence）。顧名思義，其「證據」來源，完全是根據口耳相傳的有趣故事而來。有人會言之鑿鑿地說：「我叔叔喬伊給毒漆藤碰到了，出現過敏反應，但他去海邊游泳後，竟然就好了！我據此推論，鹽水必然可以治療毒漆藤帶來的過敏反應。」追根究柢，這其實是相當薄弱的證據。面對這種說法，我們應該問：「有多少為毒漆藤所苦的人，去海邊游泳後真的痊癒了？」我們也應該問：「有多少人沒去海邊游泳，但還是康復了？」不過，第二個問題也可能產生誤會，因為這些人或許只是另尋治療方法而已。若是要取得較可信的證據，此時應該進行嚴謹的科學實驗，交叉比較各種治療方法的功效，甚或是完全不治療的情況也該看看。洗鹽水澡，或是洗淡水澡，哪種方法比較有效？洗啤酒浴呢？（在此提醒：請勿在家中輕易嘗試，要是浪費了大好啤酒，我可不想負責！）總而言之，如果有人想說服你相信某件事，請他先拿出證據吧。有幾分證據說幾分話。

我之所以提這件事，其實是因為心理學和教育領域，很長一段時間以來，只要聽到某某理論支持，或是某群人說得煞有介事，就會輕易接受新的治療方案，也不管這些說法背後幾乎沒有證據支持。但若是樂觀點來

看，現在的情形確實有所改善。講到證據，其實 ABA 領域也是越來越注意證據這回事，有幾分證據就說幾分話。什麼？我這樣講有何根據？請參考 www.nationalautismcenter.org 的「美國國家標準報告」（National Standards Report），你就了然於胸囉。

▌行為學／行為學家

行為學（behaviorology）的定義可以冗長又複雜，但簡單來說，它討論的就是行為與其他事件之間的關係。行為學是個比 ABA 還要年輕的名詞，最初出現大約是 1980 年代，多指心理學和其他學科中，針對行為本身的研究潮流。另外，行為學所涵蓋的範圍比 ABA 還廣泛，而隨著時間推移，它正逐漸往自成一格的領域前進，未來必定會更加廣為人知。絕大多數的行為學家（behaviorologist）都是「國際行為分析學會」（Association for Behavior Analysis International）的成員，但其實還有另一個行為學者可以加入的專業組織，稱為「國際行為學協會」（The International Society for Behaviorology）。

讀到這裡，想必你應該多少知道 ABA 是怎麼一回事了，但百尺竿頭，還得再進一步。我們接下來要介紹前面所提到的「ABC」。雖然按照字母順序介紹似乎是較為乾淨俐落的做法，但事實上，我們若是先從「行為」（behavior）本身談起，之後要理解「前事」（antecedent）會輕鬆許多。所以，繼續讀下去吧……

第 **2** 章　什麼是行為？

▎行為

　　行為（bchavior）一詞我們常常聽到，也常常使用。大部分的時間，我們都會自然而然地認為自己了解它的意思。根據《韋氏大字典》，「行為」的定義之一就是：「個人展現自我的形式」（the manner of conducting oneself）。這當然是個言簡意賅的釋義，但說到底，這不就是「我們怎麼行事」（the way we act）好聽點的講法嗎？在行為心理學家看來，「行為」比較正式的定義應該是：「任一有機體的內在或外在表現，且可以觀察得到或測量得出來」（any external or internal observable and measurable act of an organism）。聽起來很是複雜，但只要一一拆解，其實非常簡單。那麼，現在是否就要從頭按部就班地來探討這個定義呢？我當然也想這麼做，但基於某些原因，要是從尾到頭來拆解，會比較容易理解──天啊，我怎麼老是給自己找麻煩？

　　首先，心理學家研究非常多不同的生命體，人類當然包括其中，但其他還有猴子、鴿子、老鼠、海豚和狗等等。為了省事，我們通稱這些動物

為「有機體」（organism）。聽起來很厲害吧？但是在本書的範疇中，「有機體」指的其實就是人、人類、人們！另外，所謂的「表現」（act）和演戲或喜劇表演一點關係也沒有，它代表的意思是「一種動作」，像是走路、說話，或是踢足球。它也可以是按照順序寫出英文字母、跟老師眼神接觸，或是唱歌。人們除了能輕鬆地觀察這些動作，像是看見、聽見等等，也能測量它們，像是計算某個動作發生了多少次。這方面的例子還有不少，為免離題，我們後續會再深入討論。總而言之，重點在於，這些動作必須是客觀的事實，而非個人的主觀臆測，或是看到影子就胡亂貼標籤。舉例來說，有人會說：「那個誰誰誰很有侵略性、很憂鬱、很焦慮……」諸如此類。

然而，這些標籤並不是觀察得到的動作，對吧？只是一大堆用以描述客觀行為和動作的形容詞罷了。所謂「很有侵略性的動作」，可以是厭惡地看著某人，甚至也可以是開槍射殺某人。因此，要是單純說「誰誰誰很有侵略性」，而不說明對方到底做了什麼行為，我們便無從得知真實情形究竟如何。這樣一來，我們不是會誤導別人，就是會受到誤導，絕對輕忽不得。

▋死人規則

就某些人看來，如果將「行為」視為「動作」，會幫助理解。但按照這個邏輯，安靜地坐著不動便算不上是一種行為。精確教學法（precision teaching）的開創者之一 Ogden Lindsley 說過一句話，我至今聽過很多遍。他說，假若一件事連死人都能做到，那麼這件事便稱不上是「行為」。有鑑於此，要是你無法確定某件事算不算是行為，只要捫心自問：「死去的人做得到這件事嗎？」這套「死人規則」（Dead Man Rule），可以有效剔除掉許多選項。

　　我們說「動作」分為外在和內在兩種，指的是人的身體，或者說人所表現出來的動作或行為。簡單來說，外在動作就是發生在身體外部的動作，幾乎所有人都能直接觀察和辨識。這些外在動作又稱「外顯行為」（overt behavior）或「公開行為」（public behavior），像是刷牙、跳舞、講電話等都屬此類行為。相反的，內在、隱藏的行為包括生理動作，例如心臟跳動、胃裡頭的消化活動，甚至是腦波的活動。這些內在的行為難以直接觀察得知，通常會需要醫療設備或其他儀器的協助，才得以觀察和測量。要注意的是，這些內在事件雖然看不見也摸不著，但並不表示它們就不算是行為了。

　　不過，也有一些內在、隱藏的事件，會被視為「心理的」行為，而不是生理的行為，例如思考、想像和感覺等等。外人難以觀察這些行為，因此也不容易研究或處理。但仔細一想，我們其實多半知道自己在想些什麼，不管是在心中跟自己對話，還是在藉由圖像思考都一樣。畢竟，只要願意的話，我們不是常會告訴別人自己在思考些什麼，或是敘述自己在想像些什麼嗎？感覺這回事也是一樣。即便表情或其他外在動作，有時會無意間洩漏了內心的感覺，但說到真正的感覺，多半還是只有我們自己理解。有時，我們甚至還會心口不一，心裡的感覺跟外在表現完全不同，試圖隱藏自己的真實想法。總之，不論是外在行為，還是內在行為（包括生理和心理行為），只要是身體進行的一切動作，基本上都算是行為。Skinner 也說過，皮膚並不能拿來作為界分行為的標準。另外，如果同時承認內在和外在行為存在，那麼便是踏入了基進行為主義的範疇。

▌基進行為主義

　　心理學和哲學的書籍中，常常提到不同派別的行為主義，其中**基進行為主義**（radical behaviorism）與 Skinner 的關係密切，甚至可以說是 ABA

的基礎。基進行為主義跟其他行為主義的差異很大，大到學者可以就此吵上十輩子。它們之間最大、最值得注意的差異，應該是 Skinner 和基進行為主義承認「內在事件」（private event）的存在，並且將諸如思考、想像和感覺等事件也視為一種「行為」，與所謂的外在行為並列。然而，比起外在行為，這些內在行為難以觀察、測量、計算，也不容易處理。

▍頻率和比率

為了完成拆解「行為」的定義，現在來談談我們要如何「測量」動作吧。方法當然百百種，但最簡單的就是計算某一特定行為發生了幾次。我們稱此為行為的「**頻率**」（frequency），但若是單單只有頻率，幫助畢竟有限。現在，讓我們假設一名棒球選手擊出了兩支安打。首先，這要是一場比賽的表現，聽起來似乎還不賴，但我們不曉得這位打者揮了多少次棒。要是這兩支安打是他一整季的成績，那可就有些尷尬了。因此，我們檢視某個行為發生的次數時，一定得同時考慮到背後的脈絡，這樣才能得出有意義的結論。舉例來說，這個發生次數的分母是多少呢？時間又是多長呢？有了這些脈絡，我們得到的結果，就會比只知道某行為的頻率還來得重要。這個結果，我們稱之為該行為的「**比率**」（rate）。回到剛剛棒球選手的例子，我們這時就會拿他的安打數去除以打數，計算出打擊率（差不多啦，我們還沒算到四壞球保送跟……你懂大意就好）。好了，我們稍後會再多談一些如何觀察和測量行為的方法。現在，我們終於將定義拆解完畢。簡單來說，一個活生生的人所做的任何動作，不論是外在抑或是內隱，只要能看得到或測量得出來，就符合行為的定義。

此外，要是某幾種行為在觀察者眼中似乎並無二致，它們便可以說是型態（topography）類似。

反應分類／行為分類

另一方面，若是某兩種行為雖然表現方式不盡相同，但效果類似，它們就屬於相同的**反應分類**（response class）。換句話說，分在同一類的行為，想要達成的目的大多相去不遠。因此，今天就算某位叫做迪克的男孩，做了兩件截然不同的事情，只要意欲達成的目標一樣，那都算是同一類的行為。另外，英文有句俗諺說：「要剝一隻貓的皮，方法可不只一種（there is more than one way to skin a cat）。」當然，我可沒有剝過貓咪的皮，千萬別誤會了。只是，如果一件事完成的方法超過一種，這些方法都可以算是屬於相同的行為分類。

再舉一個簡單的例子，這次是我的親身經歷了。我看電視想要轉台時，我可以選擇舒服地坐著，直接用遙控器轉台，但我也可以選擇走到電視旁，稍微調整一下控制頻道的轉鈕（這台電視機顯然歷史悠久）。表面上看起來，我好像做了兩件不同的事情，但它們都有相同的效果，也就是改變電視的頻道。因此，它們都屬於相同的反應分類。

學習

人類大多數的行為，都源自於以下的三種因素，有時只有一種，有時則牽涉到兩種，但多半還是三者一起發生作用。它們分別是：

1. 遺傳／天生的資質。
2. 胚胎期以後的生理改變，例如生理成熟、生大病，或是遭逢意外事件等等。
3. 足以改變行為的經驗，換言之，就是「**學習**」（learning）。

何謂學習？坊間討論學習的書籍百百種，不同的學者各有一套說法和理論。不過，只要是經過客觀、嚴謹研究而得出的理論，多半可以濃縮成以下定義：學習就是個人行為上相對長久的改變，因與環境互動而產生。

一聽到「環境」（environment），我們多半會想到樹、河流、草地、海洋，還有其他與自然環境有關的事物。自然環境確實很重要，但講到「行為」的時候，其實心理環境及社會環境也同樣重要。工具、書籍、電腦和電視機等人造的物品，再加上我們身旁形形色色的人們，都是這個「環境」的一部分，對我們的行為會有所影響。

如果想藉由基因工程來改變自己的基因組成，進而改變行為模式，現在還不太實際；如果想用醫學方式，例如服用藥物，來改變自己的生理狀態，恐怕也是失望的多，成功的少，還得承擔副作用的風險。而且一旦發生狀況，後果恐怕也是不可逆的。因此，我們要想改變行為，最後也是最好的方式，就是學習。上述三項因素中，學習是我們最能掌控的一項因素。可惜的是，絕大多數的學習機會，其實都未經妥善規劃，隨便得很，而效率自然也就低落。學習既然是與環境的互動，其實只要有計畫地調整環境和學習的過程，便會比較容易學習新事物，進而改變行為。

▎環境

既然剛剛提到了環境對行為的影響重大，或許現在應該多解釋一下，到底「環境」是什麼。事實上，環境分為很多種，而以下列舉的種類，你大概不是天天都會聽到。

▎自然環境

絕大多數的我們一聽到自然環境，自動會想到廣闊的戶外景色。然而，自然環境（natural environment）其實另有他意。只要我們從行為學家的視角看出去，自然環境指的其實就是社會環境，也就是我們身處其中的「真實世界」。對孩子來說，他們的自然環境主要是一般教育體系下的班級教室，沒有特別的調整（accommodation）、修正（modification），或是

因人而異的教學方法。這些班級教室中，雖然存在各種不同的因素，會去塑造改變孩子的行為舉止，但基本上大家接觸的因素都大同小異。自然環境可以有效幫助孩子學習符合社會規範的行為，不過事情有時也可能有所失衡，最後導致各種適應不良，引起反社會或不正常的行為。

人工環境

人工環境（prosthetic environment）能幫助個案表現得跟他的同儕一樣出色。簡單來說，人工環境就像是義肢、助聽器等人造儀器，可以讓原本有所不足的人，獲得公平競爭的機會。它可能是經過縝密設計的環境，處處都安排有推個案一把的機制，促使他做出更為合適的行為。如果個案在一般的自然環境中，始終無法持之以恆地表現出理想的行為模式，人工環境便能協助他進步，並維持該特定行為模式。舉例來說，迪克在自然環境中的表現，總是不符期待，原因可能是他尚未習得特定技巧，也可能是環境中的動機和理由缺乏。假設迪克有注意力缺陷過動症（attention deficit hyperactivity disorder, ADHD），教室中要是有太多新奇的刺激，他很容易就會分心。又假設迪克下課老是喜歡望向窗外，看其他班級在做什麼，心思不由得飄向那裡，完全忘記外界的一切。那麼下課時拉上百葉窗，或許是降低分心因素的好方法。換句話說，只要事前規劃妥當，稍微改動一下環境中的刺激物，就能幫助迪克聚焦在手邊的工作上。屆時，他就會像是在玩拿手的遊戲一樣，表現出色到讓每個人都為之驚豔。

治療環境

治療環境（therapeutic environment）同樣是希望幫助學生變得獨立，並且在自然環境中，可以表現得跟同儕一樣優秀。有時，要是學生有嚴重的行為問題，為了大家好，可能會需要將他另外安置在自足式特殊教室

（specialized self-contained classroom）中。一旦身處其中，便給予強烈的介入，設法讓學生習得理想的行為模式，最終得以回到一般教室，並在自然環境中獲得成功。

事實上，除非我們看到了孩子回到自然環境中的表現，否則很難分辨一個情境是人工環境，抑或是治療環境。若是回到自然環境後，理想的行為依然持續出現，那麼孩子先前所經歷的情境，就是治療環境；假如回到自然環境後，理想行為就消失無影蹤，那麼他先前所歷經的情境，便是人工環境。因此，一個情境有時候會是人工環境，也有些時候會是治療環境。光是看該環境如何安排、設計，我們無法得知它到底屬於何種。要確認這件事，唯有觀察該環境是否對特定行為有所效果。另外，相同的情境可能對某種行為是人工環境，對另一種行為則是治療環境。總而言之，一切都取決於該環境對特定行為是否產生效果。

▌行為改變

對許多人而言，ABA 是很新穎的概念，但要是說到「行為改變」（behavior modification）的話，二十世紀下半葉在美國公立教育體系工作過的人，或許便不會那麼生疏了。行為改變又名「行為塑造」（behavior mod），指的是「透過實驗找出學習定律，並應用於改變人類之行為」（Cautela, 1970）。這些方法並非某人的直覺，或是某些未經證實的旁門左道，而是多年來人們在實驗室和自然情境下，反覆測驗所得出的結果。換句話說，只要是跟人類行為有關，而且經過證實的事情，都算是行為改變的一部分。仔細想想，其實行為改變一再發生。我們總是不斷學會新的行為、忘記原本習得的行為，接著又重新學會忘掉的行為。只是，這些學習過程多半沒有系統，而且缺乏效率。很多人認為行為改變很複雜難懂，自己絕對學不來這些原理，遑論有系統地將其付諸實踐。事實上，只要稍微

熟悉一下行為改變的基本原理，它們其實就簡單得像是常識一樣，只是比較有系統和效率罷了。

說起來，ABA 其實就是一種行為改變的次種類，其他還有行為治療、編序教學（programmed instruction）、精確教學法等等。很多這幾十年來教學現場常用的班級經營技巧，例如後效契約（contingency contracting）和積點制度（point system），只要正確執行，便是體現了 ABA 的方法和程序。另外還是要強調，行為改變並不包括服用藥物、精神外科手術（psychosurgery）、未經證實的理論，或是各種一廂情願的想法。

▍目標行為

人們總是時時在表現或自然投放出（我們有時會這麼說）各種行為，而其中有些行為，我們會特別留意，試圖做出改變。這些行為就是**目標行為**（target behavior）。要注意的是，目標行為並不一定是負向的行為，非要去之而唯恐不及，也可能是值得鼓勵、增強的正向行為。

▍反應

我們有時會看到或聽到**反應**（response）一詞。一般來說，它指的其實就是「行為」。不過，在 ABA 的領域中，反應多是指某件事情發生後，立即出現且可預測的行為。

▍嘗試

嘗試（trial）是指一個人設法去完成一次特定的行為，或是實際完成了一次該行為。一般而言，特別設計來教導某特定行為的情境中，常會出現這個名詞。當然，「嘗試」並不一定是單一行為，也可指超過一種行

為。通常來說,如果想要把某件事情練到精通,必須經過非常多次的嘗試。換句話說,就是練習、練習,再練習!

▍適應不良行為

行為學家通常會將行為分為「適應的」(adaptive)或是「適應不良的」(maladaptive)。適應的行為通常是有用且社會可接受的行為,並且可以有效達到預期的目標。這些行為一般不會妨礙或傷害到其他人。另一方面,**適應不良行為**(maladaptive behavior)則不容易達到預期的目標,而且可能會伴隨不必要的後果。不只如此,這些行為常會給當事人或別人帶來短期或長期的困擾及後果,因此多不為他人所接受。

▍言語行為

運用語言去和他人溝通,這是多數人都有的能力。不幸的是,這項能力要是在某些方面受到阻礙,便會造成生活上諸多困難。舉例來說,患有泛自閉症類群的人,溝通能力常常會受到嚴重損害,而具有學習障礙或不同形式口語問題的人,也會碰上這樣的困擾。**言語行為**(verbal behavior)一詞最初來自 Skinner 1957 年出版的同名著作,該書公認是他數一數二重要的著作。行為學家不只會用這個詞來指涉所謂的「口語」,還會用來指涉其他的溝通形式,例如閱讀及書寫。另外,手語也是一種言語行為。最後,言語行為實在是非常重要的領域,國際行為分析學會甚至有一本名為《言語行為分析》(*The Analysis of Verbal Behavior*)的期刊,專門探討相關學術議題。

▍內隱行為

一般來說,我們每天閒聊時,只要提到「行為」,我們多半會想到那

些外顯、可以觀察的行為。這種類型的行為，有時候會稱為公開或外顯行為，畢竟身邊的人只要用心，多半都能直接觀察到它們。另一方面，在「行為」的世界中，**內隱行為**（covert bchavior）指的是思考、想像和感覺等難以輕易觀察的行為。不僅如此，我們身體內的活動，例如心跳或腦波，也屬於內隱行為的範疇。這是因為旁人可以藉由醫學儀器間接觀察這些內在事件，或是透過當事人訴說而得知情形，所以我們依然會將它們視為行為。

▋ 間接行為

　　所謂的**間接行為**（collateral behavior），便是一組互有關係的行為。舉例來說，兒童吃到糖果或冰淇淋後，露出微笑並哈哈大笑，便是間接行為的一例。我們會聽到這個詞，多半是人們要做出「言語行為」，好描述一件內在事件的時候。例如，迪克要是覺得牙痛，他便會說：「我牙齒痛！」而爸媽要是在珍妮生日那天，送給了她一隻小狗，她也會說：「我太開心了！」多數正常發展的孩子，會自然而然學會適當的間接言語行為。不過，要是孩子溝通能力不佳，則會難以表達自己的情感或其他內在感受。

　　大人常常會按照不同的情境，揣測孩子的感受，而這正是他們習得間接語言形容的重要管道。舉例來說，要是珍妮的媽媽看到她一個踉蹌不穩，跌倒在地，便會關心地說：「喔天啊，妳的膝蓋一定痛死了吧！」換句話說，她直接替孩子預設了自己該有怎樣的感受，而珍妮則會透過這樣的經驗，去學習表達感受。不過，為了協助泛自閉症的孩子學會適宜的間接行為，專家有時會使用更為直截了當的方法。

第**3**章 什麼是前事？

▌刺激

聽行為學家說話，大概會常常聽到「**刺激**」（stimulus）一詞。一般而言，刺激指的是能刺激或引發事物反應的一件事，而且多半能為我們的感官所注意或察覺。任何一個物件、一道氣味、一種聲音，或是任何發生在我們眼前的事，都可能算是刺激。

不會影響行為的刺激，我們稱之為中性刺激（neutral stimuli）。另外還有很多不同種類的刺激，會從各個方面影響人類的行為。若是進一步強化某種行為的刺激，就稱之為增強刺激（reinforcing stimuli）。我們在之後第 4 章會有更多深入討論。

▌前事

所謂的**前事**（antecedent），或是前導刺激（antecedent stimuli），意指在目標行為發生之前，便已先行發生的事件。如前所述，很多事件的本質是中性的，並不會對目標行為有所作用。不過，也有不少其他事件，其實

會增強或懲罰特定的行為。舉個經典的例子：一旦開飯的鈴聲響起，或是廚師呼喊說餐點做好了，我們便會得知自己若是現在前往飯廳，這個行為便會獲得增強，得到飽餐一頓的獎勵。不過，我們要是其他時間前往飯廳，就不會有食物，行為也不會得到增強。換言之，開飯鈴聲就是一種刺激，幫助我們去區分何時會得到大快朵頤的獎勵，何時則會撲空。在這個例子中，鈴聲的作用就是去提醒或預告接下來的行為，又稱之為「區辨性刺激」。

▎區辨性刺激

Sulzer 和 Mayer（1972）認為**區辨性刺激**（discriminative stimulus）「能夠增強特定反應的刺激」（p. 290）。在某些書中，你可能會看到 S^D 或 S^d 這樣的符號，它們代表的便是區辨性刺激。你也可能常常聽到專家發出「Ess Dee」這樣的音，他說的其實就是英文字母 S 跟 D，因為這樣發音比較容易。其他如暗示（cue）、預示（sign）和信號（signal）等字詞雖然跟 S^D 意義相近，但都比較不正式一些。

回到前述例子，鈴聲這個區辨性刺激，可以協助我們去區別或注意某特定行為是否會受到增強。當然，鈴聲也可能預示另一個特定行為是否會帶來懲罰。舉例來說，假設今天的晚餐有豬肝，但你恨透這種食物了，這時鈴聲就會預示懲罰的到來。再舉一個例子，馬路上的紅色交通號誌燈也是一種區辨性刺激，代表只要在該時間點開車穿越了十字路口，便可能帶來懲罰。這個懲罰或許是發生意外，也或許是收到交通罰單。

會影響行為的前事有許多形式。舉例來說，特定目標行為的前事，有可能是另外一個人的行為，例如老師請珍妮打開她的數學課本。另外，校園中引導訪客的標示牌，也可能是前事，而課本中的文字，則是學生閱讀行為的區辨性刺激。一般來說，面對同樣的刺激物，不同個體常常會有不

同的反應。例如人們看到高速公路上有個寫著「丹尼斯港（Dennisport），
9 號出口」的標示牌，要去丹尼斯港的駕駛，便可能從 9 號出口離開高速
公路，而要前往普羅威斯鎮（Provincetown）的駕駛，則會一直開下去。

　　給學生做一份數學作業，也是會影響他們接下來行為的前事。老師希
望能藉由作業和口頭說明，幫助學生解出數學題目。如果順利的話，這兩
件事就是老師針對期待的行為，也就是解出數學題目，所做出的區辨性刺
激。通常來說，事情都會順利成功。不過，在新的行為模式變得根深蒂固
以前，這些區辨性刺激多半無法持續穩定地引導向期望的行為。這時，學
生可能會出現其他行為，像是抱怨或大發脾氣等等。因此，除了區辨性刺
激以外，額外暗示或提示（prompt）是有其必要的。要是珍妮在演出話劇
期間，突然忘了台詞，一旁的導演可能低聲說出該句台詞的前面幾個字，
好讓她進入狀況。而要是迪克忘記了美國各州首府的名字，老師可能會稍
作提示，像是羅德島（Rhode Island）的首府是 P 開頭。我們應該視這些
提示為額外增加、人為的區辨性刺激，就像是暫時的輔助，隨著時間會漸
漸減弱，最後全然消失。這就跟玩猜謎遊戲時，給予額外的提示或線索是
一樣的事。

▌提示

　　在日常對話中，*提示*（prompt）這個字的意思，便是幫助別人正確回
答問題，或協助對方依照當下的情境，選擇最適當的行為舉止。在 ABA
的世界中，提示的意思也差不多如此。對我們來說，提示便是一種前事，
有助於促使特定行為發生。提示是一種暗示、暗號、推力──一種能推動
事情發生的力量。不論是口頭指導、親身示範目標行為，還是身體接觸引
導（physical guidance）、打信號、說出答案的第一個音節，都算是提示。

　　很多時候，我們會需要給迪克一些幫助，才能讓他出現特定的行為。

舉例來說，上床睡覺時間快到的時候，我可能會跟迪克說：「準備上床睡覺啦！」藉此提示他接下來該做什麼事。這樣的提示，一般來說都很有效。不過，有時我的提示必須更加具體和頻繁，像是：「迪克，去刷牙、換睡衣、上廁所，然後別忘了洗手洗臉！」

除了 S^D 以外，還有名為「S-delta」的區辨性刺激，發音是「Ess Delta」，由符號 $S^\triangle$ 表示。S-delta 並不會增強接下來的行為，舉例來說，若一家商家門口貼著「下午兩點開門」的標誌，但你早上十一點半就想進去，門很可能還是上鎖的。因此，開門這個動作不會成功，自然也不會得到增強。你並不會因為去推門而受到懲罰，但這個舉動也不會得到增強。

假設珍妮現在要做一分鐘的電腦化數學測驗，其中包括一系列的減法題，需要計算的數字則都不大於 100。一旦問題出現在螢幕上，她就得迅速地輸入答案，而下一道問題會立即出現。只要答對題目，就能獲得一點。測驗進行一分鐘後，螢幕上的數字顏色會由綠轉紅。這時，就算珍妮繼續輸入正確的答案，也不會得到更多點數了。在此情境中，綠色的數字就是 S^D，正確答案會受到增強；紅色數字則是 $S^\triangle$，正確答案並不會受到增強。

▋刺激控制

如果有一項行為，之所以一再出現，是因為有 S^D 存在，但只要 S^D 一不見，就會完全消失，或是轉換模式，我們就會說該項行為正處於**刺激控制**（stimulus control）中。迪克的媽媽為了讓他記得說「請」和「謝謝」，已經努力了好一陣子。只要媽媽在身旁，迪克便會記得這些禮節，但只要媽媽不在身邊，他就會忘記一切。因此，我們可以說迪克的禮貌行為，是在母親的刺激控制之下才會出現。

▌預備事件

　　到目前為止，我們討論過的許多前事，都是由他人所表現的行為。不過，**預備事件**（setting event）這個詞，指的則是其他類型的前事，包含我們的身體狀態，以及各種無生命的事物。舉例來說，十分飢餓或疲勞的人，比起剛吃完大餐或一覺好眠的人來說，當然會有不同的行為，而這些就屬於身體狀態。假設你早上七點感覺飢不可耐，這就是一個預備事件，會讓你七點半早餐時間到來時，狠狠地吃上一大份的早餐。這些預備事件的不同，可以解釋為什麼珍妮在不一樣的時間點，遇到類似的刺激時，會出現迥異的反應。

　　其他常常用來形容類似概念的名詞，還包括「動機操作」和「建立操作」。

▌動機操作（MO）／建立操作（EO）

　　要是某件事發生後，會連帶增強另外一件事情，這件事有時會稱為「**動機操作**」（motivating operation, MO）或「**建立操作**」（establishing operation, EO）。顧名思義，動機操作與動機有關，而動機和增強的關係是密不可分的。簡單來說，一個人若是充滿動機，自然更有動力去做事。因此，我們可以說，一件事越能帶給人動機，它便越容易獲得增強（至少我們這麼期待）。反之亦然，若一件事情越容易獲得增強，它其實也能帶給我們更多動機。

　　動機操作和建立操作，可能是自然發生的事件，也可能是特意安排的事件。總而言之，這些事件須能加強特定的刺激，使其可以確實增強個案的行為，或者是消弱特定的刺激，以免個案受其影響，出現適應不良的行為。建立操作算是比較古早的說法，但基本上還是常會聽到有人使用動機

操作和建立操作這兩個名詞。不過,就如同英文中的很多字彙一樣,這兩者的確切意義並非從一而終,而是隨著時間推移有所變化。因此,這兩個名詞在不同的脈絡底下,意思可能會不盡相同,造成困擾。在這裡,我會盡量採取多數人能接受的解釋。

在現今的脈絡下,動機操作常常只是一般的名詞,指的是進行操作去加強或消弱某一特定增強物。另一方面,建立操作指涉的範圍較為侷限,通常是單指會加強增強物的事件,或者是讓某件事物成為增強物的事件。

▌去除操作(AO)

現在,我們要來介紹一個新的名詞——**去除操作**(abolishing operation, AO)。去除操作的效果,便是消除或消弱增強物。要舉例的話,過度滿足是滿常見的例子。要是迪克吃了太多糖果,他大概會有些反胃,而暫時不視糖果為增強物。在某些情境中,糖果甚至會短暫地令人反感,變成懲罰。

人們有時候會把建立操作和動機操作,跟區辨性刺激混淆(還沒忘記它們吧?)。需要注意的是,動機操作和「某件事物能增強我們的行為到何種程度」有關(想想看「動機」的意思),而區辨性刺激則是與「該增強物是否對我們有效」有關係(重點在於機會)。

動機操作的關鍵,在於建立剝奪或過度滿足的狀態(擁有的太少,或是擁有的太多)。這裡還是舉個跟食物有關的例子,注意體重的成人常常會在吃完晚餐後,才去賣場採購,因為這樣能夠增強他們對抗「誘惑」的決心,不會另外多買點心、甜點或是零食。去賣場採買之前先吃完晚餐,可以暫時消弱或去除食物的吸引力,使其成為不那麼有效的增強物。因此,我們可以說,採購前先吃飽喝足是一種動機操作,讓人們不容易衝動購物。

接續前面提過的一個例子，假如我們打算用食物當作增強物，幫助迪克上數學課時能夠表現更加良好，得先確認他課前還沒吃過東西。假設迪克肚子空空如也，他就更可能為了食物而認真。在這個情境中，食物便是強而有力的增強物。換句話說，為了確實發揮增強物的效果，我們得確認迪克近期鮮少接觸這項增強物。另外，我們也得確認此時此刻，迪克唯一能得到此增強物的途徑，便是表現出我們期待的行為，否則只會事倍功半。

如果想藉由動機操作，消弱某項增強物的效力，那就是不管對方做什麼或不做什麼，都能免費獲得該增強物。換言之，就是珍妮不論有沒有做某件事，她都能得到「增強物」。舉例來說，假設迪克和珍妮在外頭玩耍，迪克在打籃球，而珍妮在踢足球。玩了一會兒，迪克想要珍妮陪他一起打籃球，但卻遭到婉拒，因為她想繼續踢足球。於是，他倆默默地又各自玩了一段時間。這時，溫度開始下降，寒意刺骨。迪克連忙穿上了毛衣跟夾克，以求保暖，但珍妮忘了多帶衣服出來，因此冷得瑟瑟發抖。迪克告訴珍妮，要是她肯一起來打籃球，他就會借她穿身上的夾克。雖然百般不情願，但珍妮只能勉強答應。不久以後，珍妮的媽媽拎著一件毛衣走出家門，呼喊道：「珍妮，外面很冷，快過來加衣服！」媽媽這席話，可以視為一項去除操作，因為接下來不論珍妮有沒有陪迪克打籃球，她都會獲得一件足以保暖的毛衣。在此情境中，媽媽的這個動作，已經實質上抵銷掉迪克那件夾克的吸引力。珍妮現在有了自己的毛衣，對她而言，那件夾克再也不是強而有力的增強物，足以讓她繼續打籃球。最後，穿上毛衣的珍妮，又自顧自地踢起了足球。在這個故事中，那件夾克之所以會產生更多吸引力，成為有效的增強物，是因為「氣溫下降」這個動機操作。不過，等到珍妮的媽媽出現時，她所帶來的毛衣則是另外一項動機操作，導致那件夾克的增強效果大幅降低。唉呀，聽起來怎麼很像我以前買股票的

故事。

總而言之，簡單複習一下前面的內容。動機操作，又稱 MO，主要是改變增強物的效果，例如讓它帶來更多動機，或是變得更具吸引力。如果我們要談得更具體一些，就會談到兩種動機操作——建立操作（EO）和去除操作（AO）。這兩者也是會改變刺激的效力，進而影響行為。顧名思義，建立操作會將某些事物「建立」成增強物，或者是進一步加強原本已經存在的增強物。另一方面，去除操作則是去除或消弱增強物的效力。這些動機操作幫助我們了解，為什麼人們在不同的情境和時間點，遭遇同樣刺激時，會出現極其不同的反應。

另外，如果閱讀進階一些的應用行為分析著作，或許還會碰到非制約型動機操作（unconditioned motivating operation, UMO）和制約型動機操作（conditioned motivating operation, CMO）。前面多出來的 U 和 C，主要是區別出這個動機操作是非制約的，例如天生的限制，或者是受到制約的，例如後天學習到的事物。除此之外，有時可能還會看到，這些名詞後面跟著 S、R 和 T 等英文字母。不過，這些東西現在還不太需要知道。

▍前兆

一般來說，前兆（precursor）就是某些事情發生之前，會出現的事物。我們可以說，番茄、萵苣、黃瓜和麵包丁是沙拉的前兆。因此，只要我們在流理台上看到番茄、萵苣、黃瓜和麵包丁，就會知道即將會有道沙拉出現。另外，我們如果觀察到氣溫下降、雲層變厚，甚至颳起大風來，就會警覺到暴風雨將至，這也是前兆的例子。

當然，行為也會有前兆。假如我們發現珍妮已經不再跑上跑下，而是安靜地坐在沙發上，打著哈欠，眼睛半瞇不瞇的，這就代表她即將要睡著了。藉由觀察行為的前兆，我們可以得知麻煩之事即將到來。舉例來說，

迪克發脾氣前，常常都噤口不語、渾身緊繃，然後開始拍打自己的雙腳。我們如果事前發現這些前兆，便有機會去阻止情況惡化，也許是提醒他要採取之前教過的自我控制策略，像是逐步放鬆肌肉等等。

　　人們有時候會把前兆跟觸發（trigger）搞混。「觸發」算是比較不正式的名詞，指的是一系列會引發後續行為或連鎖效應的事件。然而，前兆指的是某一行為模式展開時，所出現的早期行為。

▎誘發和投放

　　行為學家討論到某個人出現某一種行為時，常常會用到兩個名詞：**誘發**（elicit）和**投放**（emit）。我們會說某一項刺激，「誘發」了一個反應或行為。這種誘發出來的行為無法控制，就像是肌肉不由自主的反射動作。這裡舉的例子，你一定聽過：只要醫生拿小小的橡膠槌子敲擊你的膝蓋，你便會不由自主地出現踢腳的動作，又或者有一道亮光陡然出現，你便會忍不住眨眼。這些無法控制的行為，便是遭到「誘發」出來的。另一方面，如果有人主動做了一件事，即便背後可能有其原因，但我們實在看不出原因何在，也不曉得有何用意，我們便會說他「投放」了這個行為。舉例來說，我們完全不曉得，為什麼迪克週日上教堂時，非伸手去搔珍妮的癢不可。他真的得做這件事嗎？顯然不是。那他做了這件事嗎？是的。這時，我們就會說迪克「投放」了搔癢的行為。

第**4**章 什麼是後果？

我們常常聽別人說，要是做錯了事，就得「承受後果」。這樣說來，後果似乎不是很令人愉快的東西。不過，後果百百種，那只是其中一種而已。

▌後果

所謂的**後果**（consequences），就是目標行為發生之後會發生的事，而且通常是立竿見影。這個後果可能令人不快，但也可能令人相當愉悅。另外，若一件事常常會帶來某個後果，假以時日，這個後果便會反過來影響這件事的發生頻率。這種後果影響行為本身的過程，就稱為「操作制約」。

▌操作制約

操作制約（operant conditioning），又稱操作學習（operant learning），是讓學習發生最常用的方法。在操作制約中，特定行為的發生頻率，會受到伴隨而來的事件所影響，換言之，就是該行為的立即**後果**，會反過來對

其產生影響。咦？聽起來怎麼有些熟悉？事實上，在 ABA 領域中，絕大多數的行為改變技術，都是以操作制約為基本原理。我們會提到一些實例，但重點還是著重在基礎的概念，方便每個人做出調整，以符合自身需要。不過，如果是心理系或相關領域的學生，或者是想多了解一些操作制約的讀者，我推薦 G. S. Reynolds 的《操作制約入門》（*A Primer of Operant Conditioning*）。Reynolds 認為，操作制約是「特定行為帶來的後果，影響該行為發生頻率的過程」（Reynolds, 1968, p. 1）。基本上，這句話的意思，就是行為是其後果的產物，或者說，任何的行為都會因為伴隨而來的立即後果，而受到影響。

對我們來說，假設一件喜歡的事發生了，例如吃到一塊超好吃的薄荷糖，我們的行為可能會受到增強，也會更積極地想要再做一次同樣的事情，像是伸手去拿另外一塊薄荷糖。不過，假設一件不喜歡的事發生了，例如剛剛吃下肚的甘草糖不對胃口，我們就不太會想再去吃第二顆甘草糖。這裡要強調一下，跟行為學家討論事情的時候，要記得受到增強的不會是人本身，而是行為，千萬別弄錯了。

▎正增強

要是某個行為所帶來的後果，會增加該行為未來再次出現的可能，我們就稱之為**正增強**（positive reinforcement）。對當事人來說，這種增強物通常是令人愉快或心生滿足的事物，像是一杯巧克力聖代。當然，增強物可以是實體（tangible），亦可是非實體（intangible），例如糖果和喜歡對象的微笑，都可能是有效的增強物。然而，我們不能假設所有的「獎勵」都是增強物，即便乍聽之下合情合理。因為雖然獎勵確實會增強行為，但並非總是如此，有時我們認為頗具效果的獎勵，反而起不到太大的作用。畢竟，不管你相不相信，世界上還真的有些人不喜歡巧克力聖代！

你要是熟悉這個領域的文獻，大概聽過「效果律」（Law of Effect）這回事。效果律是 E. L. Thorndike 於二十世紀初所發展的概念，用以強調行為的實質作用在學習過程中非常重要。舉例來說，迪克有時上課會沒有舉手就大聲發言，如果他得償所願，成功引起同學和老師的注意，這項行為就會受到增強，未來也更可能再次發生。這時，最好的方法是設法增強我們所希望看到的行為，別讓不妥的行為專美於前。像是迪克一定要先舉手，才會有人理睬他，那麼他很快就不會未經許可發言了。

人們有時候會說，學習必須要不斷的「嘗試錯誤」。不過，就學習本身而言，「嘗試成功」或許是更好的做法。我們總是不斷嘗試各種行為，試圖找出能為我們取得理想後果或結果的那項行為。只要有一項行為可以達到該目的，便會獲得正增強，未來更可能再次出現。因此，正增強的基本概念就是要「獎勵優良行為」。

根據切入角度不同，其實增強物可以有各式各樣，有時候用來描述它們的專有名詞，甚至可能會讓人十分困惑。不僅如此，雖然我不願這麼說，但不是所有「專家」用到這個名詞時，指涉的都是同樣的事物，而這讓這整件事更加難以理解。這裡我要介紹一些用以區分增強物種類的專有名詞，並且解釋一下它們的常見意義。前面已經提過增強物可以是實體或非實體的，不過，我們有時候也會聽到主要（primary）、次級（secondary）或制約（conditioned）的增強物。

▍主要增強物

主要增強物（primary reinforcer，或譯原級增強物）指的是本身就效果強大的增強物。一般來說，就是食物、水這些維持生命運作的必需品。畢竟，這世上應該沒有人是既不會飢餓，也不會口渴的。只要是有這些感覺的人，都會需要食物和水，它們當然就極具增強效果。另外，順帶一

提，飢餓或口渴的狀態都算是預備事件。

制約增強物／次級增強物

制約增強物（conditioned reinforcer）或次級增強物（secondary reinforcer）包括言語讚美或獎品（像是獎章或獎狀）等增強物。它們本身並不具增強效果，但只要與主要增強物結合，便會開始發揮作用。

配對

如果我們將某個中性刺激，像是一枚代幣或是一些詞彙，跟另一個增強物結合起來，這個中性刺激，最終便可能變成制約、次級或類化（generalized）的增強物。此過程稱為**配對**（pairing）。有時候，就連老師或家長這些進行配對的人，也可能化身為制約增強物。舉個大家都很熟悉的例子：很多爺爺奶奶喜歡給孫子孫女買一大堆禮物，久而久之，自己就也成了效果強大的制約增強物。

那麼，接著來介紹一下外在和內在的增強物。

外在增強物

一般來說，**外在增強物**（extrinsic reinforcer）都是有形的事物，或是可觀察到的後果。除了當事人以外，其他人也看得到、感覺得到、觸碰得到這些增強物。舉例來說，迪克可能會為了得到一塊派，而把青菜吃得一乾二淨，這就是外在增強（extrinsic reinforcement）。另一方面，珍妮會吃光青菜，只是因為她喜歡吃，這就是內在增強（intrinsic reinforcement）。

▍內在增強物

對有些人來說，單是進行某件事情本身，就已經能帶來足夠的增強效果。如果是這樣的話，我們便會稱其為 **內在增強物**（intrinsic reinforcer），或是具有內在增強效果（intrinsically reinforcing）。許多創造性的活動都是具有內在增強效果的。對迪克來說，彈吉他就是具有內在增強效果的活動；而對珍妮而言，畫一幅又一幅的花卉圖才會是她喜歡的活動。因此，我們不必給予任何獎賞或懲罰，就能讓迪克去練習吉他，或是讓珍妮去畫畫。只需要稍微給予機會，他們就會迫不及待地展開行動。

▍自動增強

只要是與社交互動無關的增強，就稱為 **自動增強**（automatic reinforcement）。舉抽菸為例，癮君子之所以抽菸，是因為尼古丁和自我刺激的行為模式，與他人無關，因此算是一種自動增強。另外，許多自傷行為（self-injurious behavior, SIB）會存在，也是自動增強的緣故。其他常見於泛自閉症孩子身上的行為模式，例如長時間搖晃身體和拍打雙手等，都是此範疇內的例子。畢竟，許多泛自閉症的孩子對社會增強物（social reinforcer）較不敏感，那麼自動增強自然也就更有效果。

即使有些這樣的行為，例如咬自己和戳自己眼睛，最終可能傷害頗大，但由於它們能暫時舒緩孩子的焦慮情緒，並且帶來其他短期的生理反應，因此還是可能一再出現。其實對大多數人來說，抓癢也可算是一種自動增強。

▍社會增強

所謂 **社會增強**（social reinforcement）是一種次級增強，主要是吸引他人注意，藉此獲得增強。不過，根據當下環境和對象不同，這些吸引來的

注意力可能有增強效果，也可能毫無作用。另外，同一事件也可能會既包含主要增強，也涵蓋次級增強。我大學時有位老師 Joe Cautela，他非常喜歡跟一大群同事和學生出去吃飯。我們常去海鮮餐廳聚餐，而 Cautela 老師的面前好像總是有一大桶的蛤蜊。就在大家相談甚歡的時候，如果他特別喜歡誰剛剛說的話，就會立刻送一顆蛤蜊到那人面前，充當增強物。因此，要是你剛好飢腸轆轆，又愛吃蛤蜊，那麼在這個例子中，蛤蜊就是主要增強物。不過，要是換個角度來看，這些蛤蜊其實也是次級增強物，因為它們象徵你說出了一番道理，並且獲得老師的注意和認可。

類化增強物

除此之外，還有**類化增強物**（generalized reinforcer），例如金錢。類化增強物除了是制約增強，諸如金錢、代幣、星星、獎章、積點等事物，如果可以用以交換其他增強物，也可能會同時具有它們的增強效果。

備用增強物

要是我們不能以類化增強物去交換**備用增強物**（backup reinforcer），這些類化增強物的效果就會有限。簡單說，備用增強物（例如電視、汽車、衣服、玩具、書、糖果、特權等）就是類化增強物所能購買或換取的東西。

食品

要是我們想用食物來作為增強物，這些增強物就稱為**食品**（edible）。它們通常是一小塊的食物，例如 M&M's 巧克力、堅果、餅乾、葡萄乾等等。不過，食品帶來的增強效果，通常只適用於短期的情況，特別當吃的是糖果等較不健康的東西，更是如此。長期來看，最好是可以漸漸用社會

增強物或自然增強物取而代之。

▌自然增強物

所謂**自然增強物**（natural reinforcer），指的是某件事情不經人為設計或時程的自然增強效果。這些增強物是我們生活中的一部分，每天都會碰到。另外，我們或許也能將自然增強物視為一種「自然的後果」（natural consequence）。這個後果可以具有增強效果，也可以是懲罰。

▌人為增強

人為增強（contrived reinforcement）是 Skinner 所提出的詞彙，意思是指經過特別安排或設計的人為後果。只要不是自然伴隨某一行為而來的增強效果，都屬於這個範疇。不管是給迪克一塊 M&M's 巧克力，要求他待在位子上五分鐘，還是同意珍妮完成作業後，可以看半小時的電視，又或是允諾週五下午發給員工薪水支票，獎勵他認真工作了一整個禮拜，這些都是人為增強。

在許多行為改變的案例中，我們都希望人為增強只是過渡期的做法，最終的目標是要讓自然增強發生，並讓期望的行為持續出現。換句話說，就是希望某特定行為之所以出現，是因為做這件事本身就具有相當的內在增強效果。舉例來說，畫家會想要作畫，是因為對他而言，作畫本身就具有增強效果，而且他看到成品的時候，會相當開心愉悅。我們教導社交行為的時候，也需要人為增強物的幫助，舉例來說，我們要想讓珍妮跟同學玩耍或聊天，一開始或許得靠人為增強物的協助，但隨著她越來越會應對進退，同儕的回應與互動的快樂自然會推著她繼續進步，這時就能逐漸淘汰人為增強物（例如我們剛剛說的那些「食品」），轉而仰賴自然增強了。

我們在談論增強和增強物的時候，要記住幾件重要的事情。首先，每

個增強物都是相當特別的。我的意思是，他們是非常因人而異。某件事情對你來說是增強物，對我來說卻什麼也不是。不同的人有不同的喜好，我們都是如此。迪克可能喜歡披薩上的鰻魚，但珍妮卻更喜歡上面的蘑菇，就我個人而言呢，則是來者不拒，只要是披薩我都愛！

▌過度滿足

再來，我們也需要考慮過度滿足（satiation）的狀態，或者是對方想要的增強物是否受到剝奪。在絕大多數的案例中，巧克力冰淇淋都會是正增強物。但是，假設你今天生日，已經吃了整整三球的巧克力冰淇淋，還嗑了一大片巧克力蛋糕，那麼這時再給你巧克力冰淇淋，恐怕也是沒什麼太大的作用。這時的你，已經是處於過度滿足的狀態，如果還把巧克力當作增強物，最後大概只會造成反效果。不過，隨著時間過去，你終將重拾對巧克力的熱愛，此時巧克力便又有了增強的效果。不僅如此，要是很長一段時間都沒吃到巧克力，遭到「剝奪」的感覺，會讓你更渴望巧克力，進而讓它成為無比有效的增強物。

所以說，因應情況不同，某一特定刺激可能有時是增強物，有時又是效果全無，或者可能帶來不愉快、反感的感覺，並進一步消弱我們所希望增強的行為。這件事聽起來，可能會很令人困惑。這麼說好了，我們每天都會碰到像金錢這樣的類化增強物，所以理所當然就會認為，不論什麼情況它都會是增強物（畢竟，誰不喜歡錢呢）。但事實是，我們必須審慎考量每一個刺激的真實效果，檢視在不同情境下的功能和作用，才能肯定這項刺激真的是一個增強物。我們不能說，只要一個事物在某些情況下是增強物，它就永遠是個增強物。ABA 的領域中有句名言：「一個具有增強效果的增強物，才算是真正的增強物。」到第 6 章的時候，我們會再來談談，怎麼樣才能找到效果良好的增強物，怎樣又會創造出效果不彰的增強

物。不過，簡單來說，除非一件事發生以後，會進一步增加另一個行為的出現頻率，我們才能說這件事具有增強效果。有時候，就算我們給了某人一百萬元，希望他能表現出我們所期待的行為，但如果沒有效果，那麼這一百萬也不能算是有增強效果。

總之，過度滿足是個重要的概念，你大概會常常聽到。請務必記住，如果我們希望增強物發揮作用，一定要時時注意對方有沒有感到厭倦，這樣才能即時做出調整。否則一旦他覺得無趣，效果自然就會不好。好消息是，通常只要過一陣子沒有接觸這些「無趣」的增強物，人們有可能會重拾對它們的興趣。有句話不是這麼說嗎？小別勝新婚！

▌習慣

基本上，**習慣**（habituation）這個現象，指的就是「習慣了某件事情」。我們一般會為新穎的刺激所吸引，但過了一段時日，再有趣的事也不免變成一句「就是老樣子啦」。有時，習慣會帶來好處，像是原本極為反感的事物，漸漸變得好像沒什麼大不了的。習慣臭味或是惱人的背景噪音，便是一例。不僅如此，我們也會因為習慣了喜愛事物的存在，而逐漸變得不那麼在乎。因此，有些正增強物就算一度效果卓絕，也不表示會時時如此。還記得過度滿足吧？

所以，我們可以知道，**同樣一件增強物並不是時時刻刻都具有增強效果**。事實上，這世上沒有所謂一體適用的增強物或懲罰。還記得布雷爾兔（Br'er Rabbit）的故事嗎？他被丟到一片荊棘中，原本是要作為懲罰，但沒想到最後卻成了史上最強大的增強物。

我解釋這個概念大概有好幾次了，我知道。但因為實在太過重要，我不得不一說再說。我等等說不定還會再強調一次——**一日為增強物，並不表示日日為增強物**。你瞧，我可沒騙人，我又再說了一次。

除此之外，今天不管一件事情是不是增強物，我希望你要銘記在心，有時候會有意外或特意安排好的事件發生，導致這件事情的增強效果更加強大，或是更加微弱。這時，如果我告訴你，有專門用以形容「某一刺激物效果增強或減弱」這件事的名詞，你大概也不會太驚訝。為什麼不會感到驚訝呢？或許是因為我們在第 3 章時，已經稍微討論過這件事了吧。

來複習一下。要是某件事發生以後，導致某一刺激物的增強效果上升或下降，這件事就稱為動機操作（MO）或建立操作（EO）。動機操作可以是自然發生的事件，也可以是特意安排的事件。另外，動機操作除了能增加某一刺激物的增強效果，讓它真正成為一個增強物，也可以減弱某個造成不當行為的刺激物，讓它失去效果。後面這件事，我們也稱為去除操作（AO）。

有些行為學家喜歡把增強物分成四大類：有形具體的增強物、與感官刺激有關的增強物、與他人注意力有關的增強物，以及與逃離或避開不愉快環境有關的增強物。最後這項增強物，我們稱為負增強，也就是接下來我們所要討論的。

▍負增強

除了正增強之外，還有另一種增強名為**負增強**（negative reinforcement）。很多人常誤會負增強就是懲罰，但兩者其實並不相同。接下來這幾頁，我們就會好好談這件事。負增強並不會減弱行為，它比較像是一種次級操作，並且也會增強特定行為出現的頻率。在負增強的世界中，操作者會藉由呈現不愉快或反感的狀態，去促使對方出現理想的行為。關鍵不在於給予對方喜歡的東西，而是在於要對方設法消去不喜歡的事物，並藉此引出理想行為。過去幾年來的汽車安全帶系統，就是負增強很典型的例子。假如你沒有扣好安全帶就發動引擎，那麼刺耳的警報器就會響起。除非扣緊

安全帶，或是索性關掉引擎，否則警報聲便會持續響個不停。這件事迫使駕駛要扣好安全帶，並且記得未來開車時，都一定要注意安全帶有沒有繫好，不然就準備迎接警報聲大作的情況。在這個例子中，我們會說「扣安全帶」這件事是受到了負增強。

另外，其實很多負增強的例子，都跟社會互動有關。誰沒看過或親身體驗過小孩在超市裡大哭大鬧，吵著要買某樣東西呢？他們會一直哭鬧到困窘的父母投降屈服，才肯善罷甘休。另一個例子是媽媽發現，如果寶寶珍妮大哭起來（不少人覺得這是令人厭惡的事），只要趨前照顧，就能讓她停止大哭。換句話說，媽媽受到了「停止大哭」這件事的負增強。未來，只要寶寶大哭，她就更可能趨前照顧。不過，凡事皆有兩面。媽媽可能會發現，只要靠近珍妮，就能進一步停止她的哭泣行為。而另一方面，珍妮也會知道，不論什麼時候，只要她放聲大哭，就能得到正增強，也就是她媽媽的注意力。未來，她可能會更常出現大哭大鬧的行為。

在學校裡頭，我們常常能看到很多學生這般對付老師。他們為了達到某個目的，不停糾纏騷擾老師，有時會成功，有時則會失敗。在現實世界中（或者是**自然環境**，行為學家喜歡這麼說），負增強多半是相互的。只要能夠脫離不喜歡的情境，人們願意做出任何事，但這同時也為創造出該情境的人帶來正增強，因為他會發現這套方法似乎管用。

舉例來說，迪克對朗讀深惡痛絕。因此，當老師說：「拿出課本，從第二十五頁開始朗讀」的時候，迪克便把隔壁同學桌上的書掃到地上，藉此擾亂課堂秩序。老師看見後，便立刻把他趕出教室。這個驅之別院的舉動，對老師來說是移去了惱人的事物，但對迪克而言，反而是幫了他一個大忙。有鑑於此，迪克未來更可能肆意搗蛋，以求不要面對朗讀的折磨。迪克和老師兩人，此時都已受到負增強。迪克受到的負增強，是藉由搗蛋不必上課；而老師的負增強，則是把迪克趕出教室，暫時不必忍受他的干

擾行為。

　　如果我們能設身處地，思考他人的立場，會很有幫助。我的朋友跟我說過一個故事，關於他的奶奶和狗狗來福。來福很喜歡在餐桌搖尾乞憐，希望得到一點食物。這項舉動常常讓奶奶很是煩躁，但奶奶多半還是會分給牠一塊肉，好讓牠走開。來福得償所願後，便會躲到隱蔽處，享用這份點心，而奶奶便能短暫清閒片刻。然而，飽餐一頓後，來福會重回現場，想要得到更多食物。此時，奶奶就會十分惱怒地說：「我不懂！牠怎麼又回來了？牠想要什麼，我不都給牠了嗎？」在這個故事中，我們可以看到兩個增強的例子。首先，奶奶無意間動用了正增強，導致來福變得更喜歡待在餐桌旁等食物。再來，來福拿到食物後，會立刻離開餐桌旁，不去打擾奶奶。這個負增強讓奶奶更容易拿出食物，來滿足牠的需求。

▌逃離

　　負增強又分成兩種類型。一種就是逃離（escape），意思是藉由某項行為去終止某個已經存在的厭惡情境。舉例來說，要是早上鬧鐘響個不停，我們會伸手去按掉，「逃離」這般惱人的噪音（附帶一提，要讓鬧鐘充分發揮作用，最好放在床邊碰不到的地方，這樣我們就得花更多力氣起床，也比較不會睡回籠覺）。另外，假設孩子在外面玩耍時，暴雨突然來襲，他們也會很快尋覓遮蔽處，「逃離」溼冷的雨水。

▌迴避

　　第二種負增強則是迴避（avoidance），意思是在某一厭惡情境出現以前，就想方設法避開。舉例來說，要是迪克走路走到一半，突然看到前方不遠處有個壞學生，他可能會立刻改道而行。來電顯示也是例子之一，我們可以藉此避開不想接的電話。我們要是開快車趕路時，突然發現前方有

警察，也會減緩車速避免受罰。事實上，我們的法律制度就是奠基於迴避這個概念之上。我們會想盡辦法做某些事情，或是不做某些事情，避免以身試法，例如罰鍰、坐牢，或是其他糟糕的後果。

在年齡大一些的兒童和青少年身上，我們常常能看到同儕壓力所帶來的負增強效果。舉例來說，高中生可能會因為一再被同儕捉弄嘲笑，最後為了逃離這般情境，也開始抽菸喝酒。甚至有人會索性加入這些人的行列，以免自己成為目標。

如果想要區分逃離和迴避的不同之處，不妨想像一下這個情境：你在外頭的時候，突然碰到了傾盆大雨。你被淋得像隻落湯雞，為了「逃離」這樣的情境，你不是立刻打開傘，就是找個屋簷避雨，當然也可能乾脆躲進室內。總之，在這個情境中，渾身溼透的感覺令你很不舒服，所以你馬上就「逃離」了這個情境。多碰到幾次大雨後，你就學乖了。未來只要看到天空烏雲密布，就會記得帶上一把傘，以「避免」外出時淋得狼狽不堪。這就是逃離和迴避的例子，而兩者都屬於負增強。

那麼，除了增加行為發生頻率的操作以外，還有另外三種會降低行為發生頻率的操作。

▌消弱

如果想要減少某特定行為出現的頻率，我們必須確認這項目標行為發生以後，不會有增強它的事情跟著出現。這種透過抑制後續的增強，進而使特定行為消失的過程，就稱為*消弱*（extinction）。要是我們說笑話時，沒有一個聽眾哈哈大笑（正增強物），那麼我們很快就會罷口不說了（行為消失）。另外，上課時，老師也常常不理會未舉手就發言的學生。前述提到的那位媽媽，要是碰到了小珍妮大哭大鬧，或許也可以採取這樣的方法。當然，前提是媽媽確信寶寶的哭鬧行為背後，並沒有合理的原因。

▌消弱陡增

在合理的情況下，消弱會是對付發脾氣的好方法。但通常來說，要完全使行為消失，必須要有極大的耐心。如果某一項行為正處於消弱的過程中（例如不再接收特定行為的增強），在它徹底消失以前，有時頻率跟強度會突然急速上升。舉例來說，迪克知道哭鬧可以得到母親的注意力，但要是某天這個行為突然不管用了，在他舉白旗投降之前，會出現一段變本加厲的時期。這個短期的爆發就稱為**消弱陡增**（extinction burst）。這是許多人會犯錯的地方。在這段期間，迪克的爸媽可能會誤判消弱是無用的，因此便又乖乖地任迪克予取予求，好讓他安靜下來。短期來看，迪克確實會安靜下來，但父母其實反而增強了他們一直想要擺脫的行為！此時，迪克會發現原本那種程度的哭鬧是不管用的，如果他想要得償所願，就必須祭出時間更長、強度更猛烈的哭鬧。說實在話，這是相當遺憾的一件事。當時他的父母只要稍微再多一些耐心，迪克就會了解哭哭鬧鬧不會為他帶來任何好處。現在他的行為已經更上層樓，未來要再想消弱，必然得費上更多心力。

消弱需要耗費大量時間，要是沒有充裕的時間，最好不要輕易嘗試。耐心，是絕對不可或缺的。要是你試著消弱某項行為但失敗了，這項行為可能會變得更頻繁強大。事實上，若是你自覺無法面對消弱陡增這回事，或是無法貫徹始終，最好還是不要輕舉妄動。另外，若是你面對的行為是會傷害人的，而你不確定自己有沒有辦法忍耐這件事，也盡量不要嘗試消弱。

消弱是人們最常使用，但也最常搞砸的一套方法。正確來說，消弱應該要結合理想行為的正增強，以求充分發揮作用。畢竟，如果你關了孩子的一扇窗，卻不提供他另外一條可行之道，無疑是自找麻煩。孩子這時便會去尋找其他增強途徑，甚至可能助長其他的壞習慣，不可不慎。非行為

學家可能會稱此為「症狀取代」（symptom substitution）。

　　如果身處於適合使用消弱的情境中，最好的方法就是一邊消弱，一邊增強另一個迥然不同的行為。舉例來說，如果我們希望珍妮不要上課未經許可就發言，我們就不該只是移除增強這項行為的事物（例如大家的注意），還要進一步增強可以讓她安靜一段時間的行為，例如寫學習單等。沒有人可以一邊發言，一邊又要保持安靜，現在既然保持安靜會得到好處，她未來自然更可能選擇保持安靜，而不是未經許可就發言。

▌自發恢復

　　有時候，我們以為某些行為早就已經被消除了，但某一天它卻又捲土重來。這種情況就稱為**自發恢復**（spontaneous recovery）。自發恢復和消弱陡增很像，通常不會持續太久，而且只要不加以增強，很快就會再次消失，一般來說，只要開始執行消弱這件事，消弱陡增不久便會發生，但自發恢復發生的時間點會晚一點，而且多半不會那麼強烈。不過，人們面對消弱陡增和自發恢復時會犯的錯，基本上大同小異，那就是沒有貫徹執行消弱計畫，導致目標行為死灰復燃，甚至越演越烈。在操作學習中，有兩種減少不當行為的方法。

▌懲罰

　　所謂的**懲罰**（punishment），就是在不當行為發生以後，立刻祭出對方厭惡的後果，以降低該行為發生的頻率。這裡舉一個經典但不太建議執行的例子，就是迪克要是跟爸媽頂嘴，就要狠狠地打他的屁股。在學校裡，懲罰通常都會是嚴厲責罵犯錯的孩子一番，或是罰他寫「我不會再打同學了」五十次。懲罰有時的確管用，但研究顯示，懲罰帶來的結果並不一致，而且常常會帶來其他副作用，例如無意間增強了不良行為等等。

在行為改變中，使用厭惡控制，特別是懲罰，是相當具有爭議的領域。基於道德因素，許多人是反對使用懲罰的。當然，還是有人認為沒什麼大不了的。只是考慮到懲罰可能會帶來的眾多副作用，不少人還是盡量避免動用到這項方法。想要延伸閱讀的話，不妨參閱 Murray Sidman（1989）的《脅迫與附帶作用》（*Coercion and its Fallout*），書中詳細討論懲罰的使用，以及可能導致的後果，非常精彩。

總而言之，不管你是否支持懲罰，既然這項方法廣為教育工作者使用，那麼提出一些可能會碰到的問題，便有其必要。

首先，其中一個問題，就是研究和經驗都證實，懲罰多半只會壓抑行為，而非消除行為。只要懲罰確實可能成真，受懲罰的對象就不會表現出特定的行為，然而一旦懲罰消失，該行為通常會死灰復燃。換句話說，這個行為只是暫時受到抑制，但並不是就此消失。這麼說起來，懲罰說不定是教人們要「偷偷來」的絕妙方法。

第二，比起正增強，懲罰的效果多半比較侷限，難以擴散到其他情境當中。舉個例子好了，不曉得你有沒有開車總愛超過速限一些的朋友。這位朋友唯有經過警察巡邏的路段，才會稍微放慢車速，以免收到罰單。但除此之外，他還是依然故我，速限多少就再開快上一些。這就好像孩子總會趁大人不在時不守規矩，因為他們知道自己絕對可以逃過一劫。

▌行為反差

事實上，假設某個行為在一個情境中遭到懲罰，並且受到抑制，它很可能在其他未遭懲罰的情境中變本加厲地出現。這種情形就稱為**行為反差**（behavioral contrast）。在一個情境中受到抑制的行為，會於其他情境中有所增長。舉例來說，假設迪克平均每堂課會丟十次紙團，要是其中一堂課的老師發怒並處罰他，把丟紙團的數量壓到三到四顆，那麼，下堂課開始

時，他說不定會一次丟上十六或十七顆紙團。

第三，「懲罰」進行的場所，會對當事人留下陰影。我們是不是常常聽到這樣的故事，只要一個地方留有不好的回憶，人們便不太願意重返該地？這是因為他們只要想到這個地方，便會產生不愉快的情緒反應，所以總是盡量避免回到「犯罪現場」。有時候，就算這個場所和懲罰本身並無關係，人們仍會避之唯恐不及。舉例來說，珍妮去年曾在學校廁所被學姊欺負，即便學姊現在已經轉學，只要她一到那廁所還是會心神不安。

第四，祭出懲罰的大人通常也會變得令人厭惡，導致他未來難以控制孩子的行為。前面我們說過爺爺奶奶變成制約增強的例子，還記得嗎？同理，給予懲罰的人也可能成為厭惡刺激，讓人產生懼怕和厭惡的情緒。學校裡執行紀律的人，例如某個個性嚴格的副校長，常常會落入陷阱而不自知。一旦落入這個陷阱，這人未來要想有效實施正增強，恐怕會變得更加困難。

第五，有時候，我們用以懲罰的事物，其實是我們希望增強或鼓勵的行為。舉例來說，有些人會以多寫一頁數學習題作為懲罰，但這無非是火上添油，讓孩子更加討厭數學。長遠看來，這只會造成無謂的反效果。

第六，對於我們想要懲戒的對象，有些懲罰其實並不管用。假設迪克今天被罰留校，但看管他的是一位他頗有好感的老師，那麼他反而會變本加厲，讓情況變得更為糟糕。如前面所言，增強物不是對每個人都有效果，懲罰的道理也是一樣。我記得高中時，學校有一位廣受歡迎的英文老師，同時也身兼美式足球教練一職。為了保護他的身分，暫時稱他為佛德老師。當時校方指派他為管理留校察看的老師，專門負責週一的時段。而美式足球的賽季期間，週一的留校察看常是回顧上週末的球賽精采片段，大約長達四十五分鐘。有鑑於此，許多學生往往設法觸犯校規，以便受到「懲罰」（同時也是有效的增強物），導致當時週一受罰留校的男生人數，總是遠遠多於其他四天。

第七，如果過度使用增強物，很可能會引起「過度滿足」的情況，並導致效果降低。懲罰也是一樣，要是用得太過頻繁，很快就會失去作用。另外，還記得習慣（habituation）嗎？有時候孩子長大了以後，同樣的方法可能也不再適用。舉例來說，對國小學生，訓斥或許有其效果，但等到他們升上六、七年級，可能就沒什麼太大的作用了。

第八，懲罰通常短時間內就會見效（即便長期來看並非如此），因此懲罰者通常會受到增強（還記得負增強吧），之後有一點風吹草動就祭出懲罰。要是沒能認知到這項事實，懲罰者很可能會不自覺地過度使用懲罰，這樣一來，並沒辦法確實消除掉不適當的行為。

上述不過是一部分的衍生問題。然而，即便如此，我們還是要知道懲罰依然有其用處。懲罰可以迅速抑制危險行為，讓情況不至於失控，保護孩子或受到影響的他人，並讓師長有機會帶入正增強，漸進替代掉原本的危險舉動。

▎反應代價

另外一種用來減少行為的做法是反應代價（response cost）。

有些人認為反應代價是一種懲罰，只是沒有那麼多潛在的陷阱。所謂反應代價，指的是一個人要是出現不受歡迎的行為，馬上就會失去珍視的事物，或者是失去一部分珍視的事物。雖然這表示我們要消除掉通常具有增強效果的事物，但要注意的是，並非一定要是該項目標行為的增強物。繳罰鍰或是喪失某種特權，都算是反應代價。舉例來說，某個孩子要是揍了同學一頓，當天的下課休息時間就會遭到剝奪。理性上來想，反應代價很像是負向懲罰（消除某件珍視事物，導致目標行為減少）。不過，比起懲罰來說，反應代價效果更好，帶來的副作用也更少。

　　要熟記這五種基本的學習操作不是件容易的事，因為實在很容易搞錯。不過，要是用表格呈現（如表 4.1），應該會清楚不少。

表 4.1｜學習操作

	加強／增加行為	減弱／降低行為
增加	**正增強** 行為發生　行為後果　行為效果 ⊕ ⟶ 說笑話　聽眾笑了　更常說笑話 ↑	**懲罰** 行為發生　行為後果　行為效果 ⊕ ⟶ 說笑話　聽眾笑了　減少說笑話的次數 ↓
減少	**負增強** **A. 迴避** 行為發生　行為後果　行為效果 ⊖ ⟶ 外頭下雨，打開雨傘再出門　避免淋濕　未來更常使用雨傘 ↑ **B. 逃離** 行為發生　行為後果　行為效果 ⊖ ⟶ 出門碰到大雨，才打開雨傘　逃離「被淋成落湯雞」的情境　未來使用雨傘 ↑	**消弱** 行為發生　行為後果　行為效果 ⊖ ⟶ 說笑話　聽眾不笑　減少說笑話的次數 ↓ **反應代價** 行為發生　行為後果　行為效果 ⊖ ⟶ 跟老師頂嘴　沒有下課時間　減少跟老師頂嘴 ↓

▍增強時程

　　每一次對方出現理想行為的時候，我們並不一定能夠順利增強，這是很顯而易見的事實。不僅如此，在自然環境中，如果我們想要增強每一項行為，那似乎也太不切實際。有鑑於此，我們必須好好考慮一下增強的時機（timing）和**增強時程**（reinforcement schedules）的問題。

▍連續增強

　　要是一個人每次出現特定的行為，都會立刻得到增強，那麼我們就會說他正處於**連續增強**（continuous reinforcement）當中。一般來說，連續增強是建立新的行為模式最快速的方法，但未必是維持或促進行為的良策。事實上，這個方法有時反而會很沒效率，而且太過不實際。一旦迪克表現出理想的行為，下一步應該做的事就是設法維持住該行為，並且進一步轉化為習慣。要達到這個目的，我們可以適當安排一些間歇或局部增強。

▍間歇增強／局部增強

　　所謂**間歇增強**（intermittent reinforcement）又稱**局部增強**（partial reinforcement），指的是行為只有偶爾受到增強，而非每次都增強。總共有四種基本的間歇增強時程，其中兩種注重行為的次數，另外兩種則側重上一次受增強行為出現至今的時間長度。在真實世界中，間歇增強比連續增強還來得普遍。當然，除了這四種時程，還有更為複雜的增強時程，但也多是上述四種時程的混合體。關於這些變化，本書並不會提及，但無須擔心，你多半不會在任何行為計畫中碰到這些變化型態的增強時程。

▎固定比率（FR）

　　第一種是**固定比率**（fixed ratio）時程，意思就是當目標行為發生一定的次數後，我們就會著手進行增強。舉例來說，銷售人員每賣出四雙鞋，就會得到一筆獎金。在課堂中，學生每答對十題，就能得到一顆星星作為獎勵。就連工人每天按件計酬，也是一種固定比率的時程。固定比率的英文縮寫是 FR，後面多半還會加上一個數字，代表該行為需要出現多少次，才會觸發增強。假設增強的條件是要蒐集到五樣小零件，那麼我們就會說這個增強時程是 FR 5。這可以說是四種增強時程中最簡單的一項，但我們還是得小心謹慎，千萬別為了追求數量或速度，而犧牲了品質或準確度，這樣只會事倍功半而已。

▎變動比率（VR）

　　第二種是**變動比率**（variable ratio）時程，意思是觸發增強的目標行為次數並不一定。因此，小珍妮永遠不會知道自己何時會得到增強，只能一再猜測。有時候，她可能會連續得到兩、三個增強，之後則要出現七、八次理想行為，才會再得到一個增強。不過，隨著時間拉長，所需的行為次數還是會有個大致的平均數。變動比率的縮寫是 VR，後面通常也會加上所需行為次數的平均數，例如 VR 10。這也是效果最為強大的基本增強時程，除了用來促進行為的增強次數比較少，在各種基本的增強時程中，變動比率所維持的行為也是最難以消除的。賭場裡頭吃人夠夠的吃角子老虎機，就是變動比率的其中一個例子。

▎固定間距（FI）

　　有兩種以時間為主的時程，是為間距增強時程（interval schedule）。這種增強時程在乎的是過了多少時間，而不是某個行為發生了多少次，但

還是至少要發生一次才行。舉例來說，假設鍋裡的水要十分鐘才會煮沸，不管這段時間內去查看多少次，都是毫無意義的。然而，只要十分鐘一到，鍋裡的水滾了起來，這才是得到增強的時刻。這就是**固定間距**（fixed interval）的增強時程，簡寫是 FI。如果所需的時間是十分鐘，那就是 FI 10。

▌變動間距（VI）

當然，也有所謂**變動間距**（variable interval）的增強時程，簡寫是 VI。你有沒有曾經狂打電話給某人，卻屢屢聽到忙線中的通知？這個時候，我們多半會繼續撥打電話，因為不曉得那端何時才會結束忙線。然而，當我們撥通的那一瞬間，打電話這個行為就得到了增強。撥打電話的期間，我們不知道何時會接通，但又抱有時時刻刻都會接通的期待，所以會再接再厲，這就是所謂的變動間距（VI）時程。

有時候我們會想增強某個連續不間斷的行為，而不是一個個單一的反應。舉例來說，在課堂上閱讀就是一種連續的行為，我們希望大家都能專心一意、心無旁鶩。因此，在這個情境中，我們可以善用變動間距增強時程。就跟變動比率時程一般，他們不會知道增強何時會出現，只知道自己必須持續表現出理想的行為，否則增強是不會到來的。

▌淡化

從連續增強時程，轉變到局部增強時程的過程，我們稱為**淡化**（thinning）。在無形間，我們悄悄地增加觸發增強所需的行為次數，但這個轉變過程相當緩慢，以免理想行為得不到足夠的增強，最後煙消雲散。

四種基本間歇增強時程的整理分析如下：

一、根據反應的出現（行為）次數

❶ 固定比率（FR）

- 行為反應每出現 X 次，就會得到一次增強。注意，X 為不變之數字。
- 對象知道增強何時來到。
- 例如：按件計酬。
- 例如：在某塊板子上正確無誤地釘上五根釘子，即可獲得代幣增強物一枚（FR 5）。

❷ 變動比率（VR）

- 行為反應每出現 X 次，就會得到一次增強。注意，X 為會變化之數字。
- 對象會不斷猜測增強何時到來。
- 最有效率的時程。通常能以最少的付出，取得最大的效果。
- 效果強大，最難以消除。
- 例如：吃角子老虎機平均十次會送出一次增強（VR 10）。

二、根據上一次受到增強行為出現至今的時間長度

❶ 固定間距（FI）

- 經過了 X 時間後第一個出現的反應，即會得到增強。注意，X 是固定不變的數字。
- 在 X 這段時間內出現的反應，對於增強不會有任何效果。
- 例如：去看咖啡煮好了沒有（但不管你看多少次都沒有用，咖啡也不會煮得比較快）。

- 例如：如果你要花三分鐘才能煮熟一顆蛋，這個過程永遠都要花上三分鐘（FI 3）。

2 變動間距（VI）

- 經過了 X 時間後第一個出現的反應，即會得到增強。注意，X 是會變動的數字。

- 例如：想打電話找某人，卻頻頻聽到忙線訊息。這時不管你試多少遍，都不會知道要多久才會打通。

- 每週四你都會去釣魚，但你不知道多久才會釣到第一隻魚。不過，要是記錄下整個夏天的釣魚時間，你可能會發現平均釣到魚的時間是十五分鐘左右（VI 15）。

在真實世界中，行為不會隨隨便便就得到增強，不論我們有意或無意地去嘗試都是如此。畢竟，各種未經安排的增強、懲罰和消弱其實日日夜夜都在發揮作用。在絕大多數我們提到的例子中，會影響行為的後果都與該行為有所關係，但在自然環境中，事情並不總是如此。

▌偶然／附帶增強

有時候，就算我們無意如此，行為還是可能會偶然遭到增強或強化，這種情況稱為**偶然增強**（accidental reinforcement）或**附帶增強**（incidental reinforcement）。通常是某個足夠強大的增強物，恰巧在某個行為發生後出現，因此便增強了該行為。舉個例子，迪克知道只要自己上課亂丟紙飛機，瓊森老師就會把他送去校長辦公室，而他便可藉此逃過無聊的歷史課。對瓊森老師來說，她其實處於進退兩難之間。雖然送迪克去校長辦公室，短期看來是去除掉班級的亂源（對她而言是負增強），但長期來看，卻偶然增強了迪克的鬧事行為（對迪克而言是正增強），也因此之後上歷

史課時，他就容易大搞其蛋，破壞班級秩序。除此之外，偶然增強可能會帶來一個有趣的潛在問題，我們稱其為「迷信行為」。

▌迷信行為

所謂**迷信行為**（superstitious behavior）是我們認為效果卓絕，但事實上全無作用的行為。這些行為純粹是偶然得到增強，但由於效果看似強大，所以我們不由得認為兩者之間有所關聯。懂了嗎？

總而言之，要是某些事情常常伴隨某個行為而來，就有可能會反過來影響這個行為。舉例來說，很久以前的一天，迪克在為了接下來的棒球比賽暖身時，頭頂給蚊子咬了一口。不一會兒，他上場打擊時，覺得頭頂奇癢難耐，便拿掉帽子，抓了一下頭。結果，他打出一支漂亮的安打！下一次上場時，他頭頂不癢了，就沒有抓頭，但巧合的是，他這次卻遭到三振出局。第三次上場時，他又覺得帽子弄得他的頭有些癢，所以便伸手抓了一下，沒想到這次竟然打出了全壘打！最後一次上場時，兩隊比分平手，他感到有些緊張。這時，雖然頭頂不癢，他還是不自主地抓了一下，然後隨即就擊出這場比賽的第三支安打，為球隊贏下比賽！那場比賽帶給了迪克很多正增強，像是擊出安打的成就感，還有隊友的讚美與肯定。

下一場比賽在幾天後開打。這次，不管頭癢不癢，迪克都堅持在打擊前，要先脫帽抓頭。最後，這場比賽他上場五次，但只擊出兩支安打，而且最後隊伍沒能獲勝。兩支安打或許不足以贏得比賽，卻是效果強大的變動比率增強時程和正增強，足以讓迪克維持抓自己頭的行為。在迪克的棒球生涯中，他平均每上場打擊十次，會擊出三支安打（這是變動比率），算是相當不賴的表現。不過，他也養成了每次舉起球棒前，都會脫帽抓頭的特別儀式。這就是一種迷信行為。

如果你碰巧是位棒球迷，而且常看美國大聯盟的比賽，你可能會發現

聯盟中有些強打者，揮棒前確實都會有自己的一套迷信儀式。波士頓紅襪隊（Boston Red Sox）的一名知名打者，就曾承認自己在比賽前會跟球棒說話。如果去追溯一下這個迷信行為是如何養成的，我敢打賭一定會很有趣！

間歇增強似乎是塑造和維持迷信行為的源頭。或許，你也能想想看自己或周遭他人，是不是也有各種迷信行為呢？

第 5 章　談談其他的學習方式

▎模仿

截至目前為止，我們討論的都是直接學習（direct learning）。除了前面提到的操作學習，還有另外一種對兒童影響深遠的學習方式，稱為**模仿**（modeling，亦作「示範」，一體兩面），有時也稱為模仿學習（imitative learning）、替代學習（vicarious learning）、觀察學習（observational learning）或社會學習（social learning）。模仿學習的重點，在於個體觀察他人（或稱楷模）後，直接學習其行為，而不是從自身的行為和伴隨而來的後果中學習。一般來說，孩童越是欣賞楷模，或是覺得彼此越為相近，就越可能模仿其行為。例如孩子看到班上的某位同學開始搗亂後，可能也會有樣學樣。或者是班上一位頗受愛戴的同學自願去幫忙一項工作，其他人也更可能會跟著加入。

老師示範如何完成某件事給學生看，便是模仿的一種形式。不過，模仿並不只限於複製我們剛剛看到的某項行為，看電影或影視節目上的角色表演互動，聽 CD、廣播或 iPod，聽一則蘊含寓意的故事，閱讀某本小說

裡面的人物如何行事等等，都是模仿學習的可能途徑。

Albert Bandura 那一派的人針對模仿這回事，做了大量的研究，也寫了許多本書，例如 1974 年的《心理示範：理論上的衝突》（*Psychological Modeling: Conflicting Theories*）。儘管專家對於模仿如何引領學習這件事，仍未取得共識，但是模仿確實會影響行為，不論這種影響是好或壞。畢竟，如果模仿不會影響行為的話，也不會那麼多公司花大錢去拍廣告，找名人來示範各種產品了。

▍行為技能庫

所謂行為技能庫（behavioral repertoire），是指一系列你目前有能力表現出來的行為。舉例來說，閱讀英文文章是你眾多技能中的一項，而游泳可能也是，但駕駛太空船很顯然不是你的行為技能，也不是我的行為技能。要注意的是，這些行為技能是你目前有能力表現的行為，但不代表它們是當下實際發生的行為。

區分何謂行為習得（acquisition of behavior）與行為表現（performance of behavior），相當重要。習得的重點在於「學習原本不會的行為」，例如你原本不會吹低音號，但透過長時間的學習，最後終於習得了吹奏低音號之道。接下來，吹奏低音號的行為技能就存入你的行為技能庫中，但這並不表示你在此當下正在吹低音號。適當的條件要先行到位，才會進一步激發出「吹低音號」的行為。換句話來說，我們的技能庫中有無數的行為，但除非符合條件，否則我們不會無時無刻表現出這些行為。你或許會開車，但我希望你不是邊開車邊讀這本書，否則就不太好了。一旦習得某項行為，我們需要去建立一套系統去鼓勵、引起，並維持該行為，讓其在適當的環境下，得以實際發生。

模仿是習得新行為模式的重要途徑，且可有效加強或減弱「抑制」

（inhibition）的效果。一般來說，觀察楷模的行為多半有區辨性刺激（S^D）的作用，讓我們得以表現出過去習得的行為。另外，模仿也能幫助我們學習口語能力、運動技巧、社交技巧和其他複雜的行為。在機構式的情境中，例如學校、監獄或精神病院，由楷模示範行為，其他人跟著學習、模仿，會有相當強大的效果。模仿還會幫助我們習得某一特定行為的竅門，但還是要記得，這並不表示我們真的會表現該行為，除非另有事件發生。這個事件並不一定要發生在我們身上，旁觀其發生也可能會帶來同樣的作用。最後，如果師長能示範特定行為讓學生模仿，並且同時搭配正增強，那麼將會是效力非常強大的組合。

▌古典制約

讀到這裡，上過一些心理學課程的讀者，可能會問：「我好像聽過有個俄羅斯人對狗狗做了些奇怪的事，什麼時候才會講到這件事啊？」

既然你誠心誠意地發問了，我們不妨就現在來講講這件事吧。先讓我來幫你恢復一下記憶。聽到 Pavlov 這個名字，有沒有想起一些事情呢？我們前面提到 Skinner 可以算是操作制約學派的奠基者，那麼這位 Ivan Pavlov 便是古典制約學派的奠基者。**古典制約**（classical conditioning）有時候也稱為**反應制約**（respondent conditioning）或是**巴氏制約**（Pavlovian conditioning）。

在 Pavlov 的經典實驗中，他用鈴鐺的聲音去制約狗，讓牠聽到鈴聲就會分泌唾液。在實驗開始前，鈴聲對狗來說是不具效果的，或者至少不會引起分泌唾液的反應。換句話說，這個時候 Pavlov 愛怎麼搖鈴就怎麼搖鈴，但這隻狗就是不會分泌唾液。不過，Pavlov 知道只要餵狗吃肉末，牠一定會開始分泌唾液。因此，Pavlov 做了一個實驗，他先搖晃鈴鐺（在巴氏專業術語中，這是中性刺激），接著馬上餵狗吃肉末（這是非制約或

無條件刺激），這個舉動便使狗開始分泌唾液，但此時仍是非制約的行為。這樣幾回合下來，Pavlov 發現他現在只要搖鈴，即便接下來沒有餵食肉末，狗仍舊會分泌一陣子的唾液。實驗完畢以後，鈴聲（過去是中性刺激）就會變成制約或條件刺激（取決於你讀的譯本，兩者說法都有）。換句話說，只要維持鈴聲跟肉末間的連結，鈴聲便會成為能夠引起唾液分泌的刺激。不過，假設我們持續搖鈴，但卻遲遲沒有送上肉末，那麼行為就會自然消除，一切回到原點。鈴聲再度變回中性刺激，狗也不會再隨著鈴聲分泌唾液。

　　Pavlov 和他的學生在狗和其他動物身上進行了大量實驗，發現了不少學習過程的奧妙之處。而很多人進一步利用這些發現，發展出眾多治療人類行為問題的有效方法。

　　古典制約雖然相當重要，但用得最多的地方還要算是行為改變領域，主要用以治療適應不良的情緒行為，例如恐懼症。很多恐懼症和其他情緒行為問題，其實都是源自於古典制約，但有效的治療方法通常也是奠基於古典制約的原理。總而言之，古典制約一般來說不算是 ABA 的範疇，所以我們就此打住。如果想要深入了解的話，Joseph Wolpe 的作品會是很好的起點，例如 1988 年的《無懼人生：焦慮及解決之道》（*Life Without Fear: Anxiety and Its Cure*）。

▎規則支配的行為

　　你有時候可能會聽到「*規則支配的行為*」（rule-governed behavior）這個名詞。這種類型的行為跟後效塑造的行為（contingency-shaped behavior）大有不同，而後者我們前面已經深入討論過了。我希望你記得後效塑造的行為包含真實後果，例如增強物和懲罰等等。規則支配的行為則是指個體聽從口語指示，做出特定的行為，但他未必親身體驗過指示中或明示或暗

示的後果。舉例來說，人們常常會說：「好好吃蔬菜，未來就會又高又壯」、「你要是再欺負姊姊，晚上就不准看電視」、「爐子很燙，不要碰」（暗示著「否則你會燙傷自己」），或是「把作業寫完」（「未來才會找到好工作」，這則是暗示未來的後果）。在上述情境中，這些「後果」多半不會發生於學生的真實生活中，但他們還是會乖乖聽話照辦。對於規則，有些族群的人會特別敏感和有反應，例如泛自閉症類群的兒童相較於一般大眾，通常會更嚴格地遵守習得的規則。而另一方面，過動症患者則比較不受規則束縛，所以通常得費上一番力氣才能學會各種事情。換言之，就是他們一定要親身體驗過行為的後果，才比較容易學會一些事情。因此，我們會說他們的行為多半是經由後效塑造的。要是你喜歡比喻的話，後效塑造的行為就像是「身歷其境體驗某件事」，而規則支配的行為則是「別人告訴你那是怎麼一回事」。另外，既然透過規則學習行為，以及經由模仿學習行為，兩者都是「未體驗到行為後果，即出現行為改變」，有些人會說它們其實是同一種學習過程，只是切入角度不同。

在理想的世界中，規則指導我們該做什麼事，而後果則促使我們真的去做那些事。規則和後果確實常常會鼓勵同一件事，但在現實生活中，有時候規則叫我們往東，後果卻反而會叫我們往西。

▌內隱制約

有另一種稱為**內隱制約**（covert conditioning）的學習，主要是讓對方在心裡選定一個特定的行為，並想像有什麼適合的後果能夠改變這項行為。不過，這種制約已經超出本書的範疇，在此便不深入探討。根據研究，內隱制約對自閉症的學生頗有助益（Groden, 1993），所以你說不定早已聽過這個名詞了。總之，內隱制約、模仿，以及規則支配的行為這三者之間有許多相似之處。

　　真實情境中的學習，多半比我們這裡簡略的說明來得複雜。學習、遺忘和再學習，總是持續不斷地發生。我們所做的每一件事，都會影響到身旁他人的行為。不過，學習發生的過程都是大同小異的，而根據這些原理所發展出來的技術，只需稍做調整，便能因應各種情境。

PART 2

概念整合…

第6章

什麼是行為分析？

十個步驟講解完畢

　　行為分析的一大好處，就是我們得以用客觀和科學的角度，評估問題行為的治療方法是好是壞。如此一來，我們的種種決策便能奠基於客觀的證據和數據之上，而非仰賴主觀想法或是一廂情願。只要憑藉著這種方法，我們便能以數據為憑，進一步去促進、調整、中斷或取代現有的治療方式。

　　要是某人做了某件不尋常的事，人們自然會忍不住想問：「是什麼原因驅使了他去做這樣的事？」特別是他們恰好知道你是心理學家，更是會問個沒完。這個問題看似理所當然，但實際上並沒有一體適用的答案。同樣的行為可能出自不同的人，背後的原因各有所異，但同樣的行為也可能出自不同的人，但背後原因卻是大同小異，甚至同一個人在不同的時間點、為了不同的原因，也可能會恰巧做出相同的行為。聽起來還真複雜啊，對吧？

有鑑於此,我們究竟該怎麼知道到底發生了什麼事?我們又能做些什麼呢?從行為的觀點來看,我們第一件要做的事就是「行為分析」(behavior analysis)。簡單來說,就是評估問題,並且謀定接下來的策略。

檢視及評估問題行為的時候,**功能性分析**(functional analysis)和**功能性行為評量**(functional behavioral assessment)兩個專有名詞常會出現,而它們的作用在於找出影響行為的變項。在這兩個名詞或其他相似的詞彙中,最關鍵的字眼便是「功能」(function),表示我們希望找出某項行為的功能或目的究竟為何。該行為想達成什麼事?它如何帶來令人滿意的結果?又是如何提升孩子的增強程度?它之所以出現,是為了逃離、避開某件令人反感的情境,抑或是為了得到某種程度上的正增強?如果我們的目標是要消除一個不良行為,並以良好的行為取而代之,那麼我們需要知道的不太會是「這個行為最初是如何產生的」,畢竟那可能是很多年以前的事了。我們要看的應該是「什麼在促進和維持這個行為」,例如對珍妮來說,這麼做的意義到底為何。我們要問:「這個行為的功能到底是什麼?」舉例來說,溝通能力有缺陷的孩子,可能會出現肢體上的侵略行為,這是因為他們知道這樣能夠得到他人的注意。

▌功能性分析

功能性分析(functional analysis)指的是一套具科學基礎的方法,主要是刻意改變可能會影響行為的一些因素(前事和後果,或稱 A 和 C),並藉由追蹤目標行為(B)的改變(也可能沒有),進一步去了解這些環境中的變化,是否會對其造成影響,並且探討背後的成因和功能。

▌功能性行為評量(FBA)

功能性行為評量(functional behavioral assessment, FBA)是個涵蓋範圍

很廣的名詞，因為評量當中可能就包含功能性分析，以及其他類型的資料蒐集，像是回顧孩子的現存紀錄，還有和了解他的成人進行晤談。功能性行為評量的目標，同樣是了解兒童的行為與各項因素之間的關係。

目前有不少有用的行為評量方法，可以評估問題、謀定策略，並且檢視策略有效與否。我們會透過各種管道蒐集評量所需的資訊，例如直接觀察、與熟知孩童的對象晤談，偶爾也會直接和兒童面談。一份評量中可能會包括評量表，還有師長填寫完畢的行為評分表。一般來說，我們在決定哪項行為需要處理之前，會先跟師長討論過，接著再經由非正式的觀察，去確認或是修正我們對這名孩子的第一印象。受過專業訓練的觀察者，多半是評量過程中不可或缺的一員，因為他們知道觀察的重點在哪，也深深了解該如何記錄自己的觀察。

我在前面提過，雖然孩子最初轉介到我們這裡的時候，多半不會提供足夠的資訊，讓我們得以發展一套健全的行為治療方案，但就算資訊有限，我們仍然可以從中得知該從何開始。只要去跟促成轉介的人、師長，以及其他長時間照顧孩子的人談談，我們通常能大略知道他的問題行為是什麼。另外，提供較為具體和深入的問卷，請主要照顧者填寫，也有助於我們取得許多有用的資訊。當然，填寫問卷的過程，也讓他們得以用行為的觀點去思考很多問題，有點像從別人的角度去理解這些事情，或是用第二外語思考。

如果想要在班級觀察時，快速了解整體的情況，這裡介紹一項歷久不衰的做法，那就是根據我們的 A、B 和 C，去進行有系統的觀察。一般來說，觀察者一旦看到了什麼事，多半喜歡寫在筆記本上。這時，不妨將一頁筆記上分成三欄，分別寫上 A（前事）、B（行為）和 C（後果）。如此一來，觀察者在快速抄記眼前發生的情況時，便能輕易地將各個事件分門別類，置入屬於它們的欄目中。

時間	A（前事）	B（行為）	C（後果）
9:46	教師轉身背對學生	迪克丟了一架紙飛機	全班大笑
9:47	教師轉頭查看	迪克繼續抄寫筆記	—

這項做法可以幫助我們蒐集到更加具體的資訊，不至於只能憑著當初轉介時的理由來做判斷。畢竟那些理由很可能太過主觀，並且無法呈現事實全貌。

進行行為分析的系統各式各樣，這裡所提供的「十步法」，從行為的觀點出發去分析和治療不當行為，主要是由 Cautela 和 Kearney（1986,1990）推薦。

第一步：指出目標行為

我們的第一步就是指出問題，意思便是要將其說明清楚。舉例來說，你如果說迪克是個討人厭的男孩，或者珍妮好像自信心有些低落，這些敘述無法告訴我們太多有用的事情。迪克為什麼討人厭？因為他老是拿東西丟老師，這個「丟東西」的行為才是我們感興趣的事情。我們想要改變什麼行為，就應該要盡量客觀地去詳述行為的問題。要是你說迪克上課很愛搗亂，是沒有太大的用處，但你若是說「每次只要坐他前面的女生轉頭，他就會拿書打她的頭」，這樣就好多了。

很多孩子轉介到我們這裡的原因，大部分是因為出現攻擊行為（aggression）。但那究竟是什麼意思？為什麼攻擊行為會是轉介的原因？好吧，首先，說不定迪克常常會做出一些師長不喜歡的事，又或者是珍妮常常沒有做到一些師長希望看到的事。這些都可稱為消極攻擊行為（passive aggression）。

　　不然就是迪克在上課時，畫了很多滴血的武器和遭到肢解的身體部位；或是珍妮告訴另外一位同學，如果她下課敢再跟某個人玩，自己一定會「給她點顏色瞧瞧」；又或是某位學生只要有人靠近他的座位，就會大聲咆哮。很多大人會直接將這些行為視為「攻擊行為」，並且逕自上報這些孩子「具攻擊性」，而不是詳細說明他們到底做了什麼事。這些大人或許覺得自己幫了大忙，但這樣擅自詮釋自身觀察，並進一步認定背後成因，其實並不妥當。話說回來，有時候我們還不如直接去問問看迪克的同班同學，他到底做了什麼打擾人的事，說不定還更容易得到直截了當的答案。

　　假設現在身為心理學家的琳琪博士，正在審查迪克的轉介資料。她在上頭讀到迪克「具攻擊性」，但她從未真正見過迪克，目前手邊也沒有其他資料可以協助她做出判斷。琳琪博士基於自身經驗，以及對「攻擊性」這個字的理解，自然便誤以為迪克是那種會動輒拳打腳踢的孩子。因此，在這個過程中，我們先是從客觀的觀察跳到主觀的標籤，接著又得到另一個自認客觀的想法，實在是大大誤解了實際的情形，而各種問題自然紛至沓來。比較好的做法，還是要讓事情停在客觀事實的階段，因為一旦上升到主觀的標籤，那麼就必然會混淆不清了。

　　舉例來說，我們要是把莎士比亞的詩翻譯成另一個語言，像是法文好了，儘管法文相對為人所知，但如果我們請某個沒讀過莎翁詩作的人，再把詩譯回英文，這兩個版本的詩作會有多大的差異？你覺得自己讀到的是莎士比亞最初想傳達的想法嗎？我想就連他本人看了成果，大概也會在墓中輾轉難眠吧。

　　另一個常見的轉介原因，是孩子自我形象或自尊心低落。說實在話，單就這樣的敘述也不太能告訴我們什麼事。到底珍妮做了什麼事，或是沒做什麼事，才讓我們覺得她的自我形象低落？是她老是把錯誤歸咎在自己

身上嗎〔有時又稱負向檢視（negative scanning）〕？還是每次同學想占她便宜，她都沒什麼太積極的作為？這些才是我們需要知道的事，這些才是我們需要改變的事。

另外，我們在尋找需要改變的目標行為時，常常都是著重在要消除掉這項問題行為，但其實另有他法。

▌替代行為

如果我們覺得孩子的某個習慣亟需改變，要做的應該是尋覓另一個大眾能夠接受的適當行為來取而代之。這個要來取代舊有習慣的新行為就稱為**替代行為**（replacement behavior）。一般來說，我們所找的替代行為，應該要有相同的目的或類似的效果，但要比原本的行為更容易表現、更有用，而且更為社會大眾所接受。

▌重要性原則

要決定到底該改變哪幾項行為，有時不免令人苦惱。1960 年代，Ted Ayllon 和 Nathan Azrin 兩人在研究代幣制度時，想出了一套協助他們做決策的大好方法。這個方法稱為**重要性原則**（relevance-of-behavior rule），意思是我們的時間與精力，應該投注在未來會有用，而且就算在自然環境中，也能得到足夠增強的行為。如此一來，就算我們抽手，這些行為也會得到增強挹注，不至於消失不見。總而言之，如果花了一大堆時間和心力才改變的行為，未來不但沒什麼用處，而且回到自然環境後不久就消失得無影無蹤，那麼意義何在？這就像是大費周章教會了迪克說瑞典語，但馬上又把他送去住在瓜地馬拉，實在沒有太大的幫助。所以，選擇要訂定目標行為時，比較有幫助的做法是要先問自己：「要是改變了這個行為，珍妮的未來會有什麼不同嗎？」

　　一旦決定了迪克該做些什麼，我們也需要評估他目前是否有能力表現出這些行為，確認一下自己是在處理習得的問題，還是表現的問題。換句話說，迪克是要重新學習這些全新的行為，像是自己做午餐，或是迪克需要的是在不同的情境中，能夠更為一致地展現已然習得的行為，像是擤鼻涕要用衛生紙，而不是直接拿袖子去擦？在我們設計的介入計畫中，分辨清楚目前所面對的是習得的問題或表現的問題，會有極大的幫助。

▍行為目標

　　不少行為治療方案都是根據**行為目標**（behavioral objective），去設定目標、引導介入方案的走向，並評估這些介入方案的表現優劣。有些專家認為，行為目標就是要鉅細靡遺地呈現行為的學習過程，並且是觀察得到、測量得出來的行為。簡單來說，行為目標就是我們希望珍妮表現出來的行為。我們希望珍妮的行為改變成什麼樣子？好的行為目標通常包含以下五大重點：

1. 行為表現者。
2. 目標行為。
3. 結果（最後的成果或表現）。
4. 條件與情境（例如：地點是飯廳，考二十個英文單字）。
5. 標準（例如：五題要對四題，相當於 90%的答對率）。

　　實際的例子可能會像這樣：「總共考十個單字，迪克得拼出九個才算過關。考試範圍是四年級拼字課本的第六課。」

第二步：找出基準線

▌基準線

　　來到第二步，我們要做的就是找出**基準線**（baseline）。意思就是要看看孩子在一般環境中，多常會表現出目標行為。一般來說，我們通常會讓一名觀察員在教室中坐上一兩個禮拜，看看迪克的行為舉止，並且稍微記錄一下該行為出現的次數。當然，教師本人也可以自行蒐集相關的數據，找學生或其他幫手也行。

　　基準線的目的，是協助我們監控目標行為。一旦找到基準線後，我們就可以觀察行為出現的頻率有無改變，看看自己採用的治療方案是讓事情更好、更糟，或是半點效果也沒有。還記得第 2 章時，我們談過行為的頻率和比率吧？這些數字就是所謂的「數據」（data），在之後做決策的時候，會發揮相當大的作用，畢竟我們不會希望決策的根據是個人的主觀想法。一般來說，啟動介入方案前的一兩週，就會開始蒐集相關的數據和資料。如此一來，我們便能更清楚知道目標行為在未經治療以前的模樣，未來若是要判斷我們的策略是否管用，也可以有客觀數據佐證。當然，有了這些數據及資料，未來要想調整介入方案的走向，也會有所依憑。

　　開始蒐集基準線相關資料的前幾天，學生可能會覺得有點不自在，因為環境中多了位大人，不過這是十分正常的反應。要注意的是，進入教室觀察的人應該盡量別涉及班級的活動，並且最好別跟對方互動。事實上，觀察者應該在合理的範圍內，盡其所能找個視野良好的角落默默坐下，以免影響教室的環境和目標行為。在進入到班級或其他環境之前，最好都要先和教師或是現場的負責人解釋清楚這些事情。

　　一旦治療方案啟動，我們通常還是會繼續蒐集資料，一方面是幫忙監看進展，另一方面也是檢視這個方案有沒有用。就算是結束以後，我們偶

爾還是會追蹤調查一下，看看有沒有任何故態復萌的跡象。

　　蒐集數據的時候，我們多半不必時時關注目標行為有沒有發生。我們在做的事，其實比較像是蒐集行為的樣本數，就像是民調專家要做下次選舉的民調，通常也只會取樣一群選民出來問，而不會家家戶戶都問個沒完。一旦取樣完成，我們便能大致上了解情況如何。在處理很多學校內的行為問題時，通常一天會取半小時到一小時的時間不等，但每天的觀察時間得要有所不同，以求能更加掌握整體的情況。

▎事件取樣

　　一般來說，我們有兩種常用的行為取樣法。第一種是**事件取樣**（event sampling），意思是在選定的時間區間中，記錄目標行為發生的頻率或次數。換句話說，每一分鐘裡，這個行為會發生多少次？每十分鐘呢？每一個小時或更長的時間呢？事件取樣對於記錄有明確開頭及結尾的單一行為，相當有效，例如迪克起身削鉛筆的次數，或是珍妮在十五秒內能講出多少種動物的名稱。另外，事件記錄通常會用畫線的方式計算，例如「 *卌* 」或「 *//* 」。有時候事件取樣也會用來記錄某個人要做到某件事的時間，例如珍妮上體育課時，要多久才能跑完一圈操場，或是迪克在自習時間到底坐在位子上多久，或是離開座位多久。

▎時間取樣

　　第二種取樣方式是**時間取樣**（time sampling），主要是看某個行為在某段時間內，有沒有發生。因此，如果想要記錄發生頻率較高、比較難以計算的連續行為，這個取樣方式就會相當有用。發出無意義的噪音或是跟同學聊天，都是適合時間取樣的例子，因為我們很難判斷這個行為何時結束，下個行為又是何時開始。在時間取樣中，我們會選定一段短暫的時間

間隔,例如十到三十秒。只要行為在此期間出現,不論一秒還是三十秒,紀錄上就會添上一筆。不過以我的經驗來說,要是某個行為每十五分鐘只發生不到一次,事件取樣應該會是較佳的做法。

持續時間

　　每當一個行為、行為模式,或是一系列的行為出現的時候,這個出現的時間總和就稱為行為的**持續時間**(duration)。持續時間的增減,是我們檢視行為是否獲得改善的一大途徑。假如珍妮現在一天仍會發五次脾氣,但每次發脾氣的時間從十分鐘縮短至四分鐘,那麼這就是很顯著的改善。

　　雖然記錄行為的方法很多,但最常見也是最好的方法,還是依情境不同選擇適合的方法。舉例來說,師長可以用高爾夫球選手常戴的手腕計數器,或是能夠穿戴在腰間的珠子計數器等等,而其他的觀察者則可以帶上一張紀錄表,並且靈活運用代號,像是 O=沒問題(no problem);S=離開座位(out of seat);H=打人(hitting);Y=大叫(yelling)等等。

　　觀察得到的數據,通常會以視覺呈現,像是方格紙。如此一來,各種行為的頻率消長就會一目了然。在某些方案中,你說不定還會看到一種長得相當有趣的方格紙,我們一般稱之為標準變速圖表(standard celeration chart)。標準變速圖表常用於精確教學(precision teaching)中,後者是一種非常專業且有效的教學方式,稍後再進一步討論。總之,我們只要懂得如何解讀和使用這種圖表,便能讓手頭上的工作容易不少。當然,要學會這些事情,需要一定的專業訓練,但就算是小學生也不會有太大的問題,甚至能藉此記錄自己的行為。

第三步：辨別前事

接下來的步驟，是要弄清楚目標行為的前事為何。觀察看看，該行為發現以前，有沒有什麼事情是必定會發生的呢？例如每次迪克拿東西丟老師的前一刻，老師總是剛好轉過身去寫黑板。如果要想區辨前事的話，就與區辨性刺激（S^D）和動機操作（MO）有關。我們在第 3 章曾經討論過，還沒忘記吧？

▌潛伏期

我們在辨別某一特定行為或一系列特定行為的前事時，一定要記住**潛伏期**（latency）這個概念。潛伏期指的是介於前事及行為之間的那段時間。舉例來說，要是老師請迪克收好蠟筆，並且拿出課本，從那一刻起到他開始動作的時間就是潛伏期。在許多例子中，潛伏期都是非常短暫的，但若是有所延遲，必然會更加明顯。辨別行為的前事通常相當困難，而且雖然助益良多，但並非總是必要。

另外，觀察看看目標行為在何時、何處發生最為頻繁，也相當重要。這些資訊可以算是特殊的前事。

第四步：記錄地點

目標行為在哪裡發生？最常出現的地點是哪裡？或許某個行為常常在學校出現，但回到家就消失不見，又或者一到了自習時間，這個行為就會不斷出現，但一到音樂課的時候，卻又煙消雲散。再不然這行為只出現在學校午餐的餐廳或下課時間，絕對不會在課堂教室裡發生。我們可以藉由記錄這些地點，一窺目標行為的區辨性刺激為何。

舉例來說，那些引起目標行為的刺激，有可能是在該地點發生的其他事件，或者是諸如顏色、光線、噪音、溫度、事物或是特定的人等物理特徵。

除此之外，我們也要看看目標行為在哪裡較少出現，甚至完全不會出現。藉由這些資訊，我們或許能改造目標行為發生頻率較高的地點，進一步降低其頻率。當然，從另一方面看來，我們也可以分析想要增強的行為，並且依據分析結論去安排環境，讓目標行為更有可能出現。

第五步：記錄時間

記錄時間非常重要，這樣我們才知道目標行為大概何時會出現。舉例來說，某個行為常常出現在午餐前，是不是因為珍妮肚子餓所造成的？還是這個行為每次都是早上吃完藥後才會出現？

上一步驟的記錄地點跟「何處」有關，這裡的記錄時間則與「何時」有關，可以幫助我們找出某個行為的高峰和低潮期為何。不過，我們不該只是記錄外在的行為，因為根據 Skinner 的理論，發生在我們身體內的事情也需要納入考量。或許中午十一點半的時候，迪克可能正飢腸轆轆，而我們都非常清楚飢餓對行為有何影響。

或許珍妮體內的藥物效果已經消退，又或許現在是下午兩點，而她上了一整天的課，顯得相當疲憊；又或者現在是晚上十點，但她尚未上床就寢，自然也是會有些精神不濟。

▎散布圖

不久之前，我們才說到要用「方格紙」去記錄目標行為的頻率。事實上，在許多例子中有個更好用的方法，就是用「**散布圖**」（scatter plot）。

散布圖是一種記錄發生頻率的方法，只要一眼掃過去，目標行為何時發生最為頻繁、何時又悄無聲息，全部都一目了然。該怎麼做呢？很簡單。只需要拿張紙來，在左方依序寫上時間區間，然後在右邊對應的位置上，記上行為發生的次數。

假設我們想看看迪克有多常觸碰自己的同學，簡易的散布圖大概會像這樣：

10:00–10:15　//

10:16–10:30　/

10:31–10:45　////// ///

10:46–11:00　//

從這個數據看起來，我們可以得知迪克在這一小時內，碰了同學整整十三次，但我們也看到其中有八次，發生在 10:31 到 10:45 這個時間區間。這時，我們進一步檢視迪克的課表，結果發現那是下課時間。這樣的線索會透露出一些有用的資訊，供我們後續分析所用，例如迪克所處環境的改變，包括地點、活動，以及是否有大人監看。這些因素都有可能使他改變行為。

如果想要整理這些數據的話，可以使用圖格紙，或是依照情境的需求，自行設計不同類型的表格。

第六步：辨別後果

比前事還更重要的，就是行為的後果，尤其是立即伴隨而來的那種後果。

迪克上課拿東西丟老師，老師發現後大發雷霆，把全班痛罵了一頓，但他或許不以為意，反而覺得滿好笑的。

所以，我們現在除了「迪克具有攻擊性」這個標籤，還多了不少有用的資訊。我們知道，每次老師轉身寫黑板的時候，迪克就會拿東西丟她，這時老師會痛罵全班。比起單單一個「具有攻擊性」的標籤，這些資訊可是有幫助多了。前事、行為、後果……這些才是我們真正要處理的事情，而不是「具攻擊性」這個標籤。

另外，我們要記得在真實生活中，塑造、促進及維持目標行為的增強物，並不是每次行為出現的時候都會發生。還記得我們前面提過「間歇增強」吧？現實生活中，間歇增強的例子再普遍不過，所以我們得多觀察幾次，才比較能知道到底有哪些增強物起了作用。

「跟著錢走」（Follow the money），是人們常常引述的老電影台詞。如果我們想要了解行為模式的話，或許可以改為：「跟著增強物走」。以下介紹一個常用的工具，主要是幫助分辨增強物。

▌動機評量表

動機評量表（Motivational Assessment Scale, MAS）是 Mark Durand 和 Daniel Crimmins 所設計的問卷，主要是蒐集用於行為分析或功能性行為評量（FBA）的資訊。一般來說，會由熟知孩童的人來填寫，像是父母和老師。這份評量表共十六題，根據每題的答案，我們可以大略得知目標行為的增強物為何，像是注意力、實體增強物、逃離或迴避，以及感官刺激。一旦我們找出促進迪克行為的增強物，就更容易想出解決之道，像是個人化的行為改變方案等等。

第七步：找出正增強物和厭惡刺激物

我們的下一步，就是要去找出什麼事物對迪克來說具有增強效果，而

什麼又令他厭惡，如此一來，我們所設計的方案才能考慮到種種因素。要達到這個目標，我們有不少可行之道。最簡單的方法，當然就是直接問迪克他喜歡或不喜歡什麼。想得到這些答案的話，我們可以利用一份名為「增強調查表」（Reinforcement Survey Schedule）的表格。不過，這份表格的適用對象，主要是國高中或以上年紀的成人。另外也有適用於國小學生的「兒童增強調查表」（Children's Reinforcement Survey Schedule）。如果有興趣深入研究的話，可以參考 Cautela 等人於 1983 年所撰寫的《兒童行為分析適用表格》（*Forms for Behavior Analysis with Children*）。除此之外，關於增強的調查，我們也可以詢問迪克的照顧者，或是任何熟知他的人。因此，實務上，我們也有給家長填寫的增強調查表格，希望藉此找出孩子的好惡。這裡要解釋一下，雖說上一個步驟中，我們就已經開始找尋一切可能影響孩子當下行為的增強，但在這一個步驟中，我們希望也能查出其他潛在的增強物，並且藉此增強我們所希望看到的行為。

▌普馬克原則

另外一種找出增強物的方法，就是給迪克一系列的選項，看看他在能夠自由選擇的情境下，會決定做什麼樣的事情。換句話說，在可以選擇的情境下，某兩件事情中比較常發生的那件事，往往可以作為另外一件事的增強物。經驗也告訴我們，一個人比較喜歡從事的行為，常常可以作為另一項較少發生行為的增強物。舉例來說，要是某位不喜歡處理稅收的癮君子，一定得把手頭上的所得稅處理完，才能抽菸。那麼，為了抽菸，他大概還是會速速打點好一切的手續。這樣的現象有時也稱為「老祖母原則」（Grandma's Law）。老祖母或許會跟珍妮說：「你要是不把青菜吃乾淨，就別想吃到蘋果派！」總之，一般而言，這種利用高可能性行為（high probability behavior）去增強低可能性行為（low probability behavior）的方

法就稱為「**普馬克原則**」（Premack Principle）。再多舉個例子，要是珍妮比較喜歡打電話跟朋友聊天，而不是寫作業。我們便能規定，只要她完成了多少份量的作業，就能去打電話。只要操作得宜，讓孩子去做某一件他們深感興趣的事情，便能夠成為極具效果的增強物，並進一步促進其他行為出現。

▌一般增強水準（GLR）

普遍來說，要是我們近期沒有接觸任何增強，增強物的效果便可能往上提升。不過，要是我們常常得到增強，那麼增強物的效果便會下降。這個增強效果的整體狀態，我們有時候會稱為「**一般增強水準**」（general level of reinforcement, GLR）。

請記得，增強物百百種，可以是有形事物，像是美食，也可能是無形事物，像是喜歡對象的微笑。不過，同樣的增強物不一定對每個人都管用，而且時間點的不同也會有所影響，甚至連情境改變也會加強或消弱某個增強物的能力。就算你愛吃雞肉沙拉三明治，享用完感恩節晚餐的當下，你還會為了一個三明治而努力不懈嗎？答案恐怕是否定的。

言歸正傳，上述這些方法可以幫助我們開始辨別什麼是增強物，而什麼不是，但追根究底我們還是得勤做實驗，試試看各種有可能的增強物，然後觀察目標行為是否有所變化。

▌增強取樣

如果想要引進潛在的增強物時，我們有時會用到一種名為「**增強取樣**」（reinforcement sampling）的方法，做法就是給予好幾種可能的增強物，並且不設下任何附帶條件。換句話說，對方不必特別努力，就能免費得到這些增強物（但只有最開始是這樣）。我們都吃過超市的試吃品，也

用過隨廣告信附上的試用品，這些東西都是為了讓我們去嘗試新的產品，並且進一步成為該產品的消費者。這就是一種增強取樣的方式，背後的想法大同小異。

當然，許多用於辨別正增強的方法，只要稍做調整，也能用來辨別厭惡刺激物。不過，由於我們這裡的重點是正增強，所以暫時先不討論那一部分。

討論增強物的時候，別忘了我們在第 4 章提過一種很重要的增強物——**社會增強**（social reinforcement），意思就是藉由吸引他人注意而取得增強。人類是社會動物，因此他人的關注往往是相當有力的增強物。要是給予關注的人，在受到關注者的心中越是重要，那麼他所給予的關注就更具效果。關注的形式有很多種，譬如微笑、一句話、肢體接觸，或是眼神接觸等等，都可以算是關注。對於某些成長背景特殊的人來說，責罵和體罰也可能具有增強效果。可惜的是，社會增強對泛自閉症族群的朋友來說，效果通常比較微弱。

第八步：設計並執行計畫

現在，我們總算來到了這個階段，是該想想要怎麼處理目標行為的時候了。首要之務就是設計一套方案，並且嘗試看看。我們先檢視目前所蒐集來的所有資訊，並且找出要努力的目標。在前述迪克亂丟東西的例子中，最簡單的解決之道，就是消除掉區辨性刺激（S^D），也就是讓老師別再轉頭去寫黑板了。然而，這並不總是可行。雖然刺激控制很有幫助，但大多數的 ABA 方案中，還是會剛柔並濟，一方面消弱目標行為，一方面鼓勵並促進我們希望看到的行為。

第九步：監看進展

　　我們為孩子量身打造了一套方案，隨後付諸實行，但事情不是就此結束了。我們必須密切關注接下來的事情，也就是繼續觀察和記錄數據。如此一來，我們才能窺得全貌，並且進一步了解行為改變的進展如何，而比較的對象自然是前面提過的基準線。

　　讀到這裡，想必你已經發現，在 ABA 中我們常常談到要蒐集數據。理想上來說，我們會希望在啟動行為方案之前，便開始蒐集數據，這樣才會知道我們介入之前的情況如何。接下來，我們會一邊介入，一邊蒐集數據，觀察看看事情是否有所進展。方案結束以後，我們還是定期蒐集資料，確定新的行為模式已經順利上路。

▌試探

　　除了觀察和記錄目前發生的事情以外，我們還可以定期進行小測驗或小型實驗，看看介入方案的效果如何，也看看我們是否往正確的方向前進。這種方法一般稱為試探（probe）。

　　舉例來說，某個治療方案已經進行了一段時間，而且目標行為也有長足進展，但即便如此，我們有時候還是會故意中止該方案一小段時間，讓一切條件回歸原點。假設這時目標行為有明顯的倒退，我們便能確定先前行為的改變，確實是因為治療方案的緣故。這種方法有時也稱為「A–B–A–B 倒返設計」，A 代表的是治療前的基準線時期，B 則是加入特定治療後的時期。因此，A–B–A–B 的意思就是基線期—治療期—基線期（再一次）—治療期（再一次）。

　　如果要監看介入方案的進展，另一種常見的方法是「多基準線法」（multiple baseline approach）。在這種方法中，假設行為的進展還算可以接

受，那麼一旦治療開始進行，就不會被暫時移除。不過，該治療方法接下來會再應用到一個個其他行為上，逐漸增加可供比較的基準線。要是某個目標行為難以或不適合逆轉，那麼多基準線法會是很有幫助的做法。

完整性檢驗

　　有不少名詞我們只要光看名字，便大概知道是何意思，這就是其中之一。所謂的**完整性檢驗**（integrity check），意思就是要我們去看看事情的真相，以及別人所告知的資訊，是否存在有意義的落差。舉例來說，我們請了一位觀察員去記錄珍妮上課的時候，轉過去跟莎莉講了多少次話。有時候，我們也可以再加碼找一位觀察員來觀察同樣的行為，並且比較兩者報告差異，再計算一下觀察者的一致程度（observer agreement），或者嚴格點來講，計算一下所謂的「觀察者間信度」（interobserver reliability）。話又說回來，這種檢測雖然極為有用，但從現實情況看來，還是做研究的時候比較常用到這項方法，而我們這種以每日為單位的觀察活動，比較難這麼做。

　　另外一種完整性檢驗，父母、相關倡議人士、諮商師和介入方案的督導者等人通常會較感興趣。那就是去看看某個行為介入方案〔或是個別化教育計畫（Individualized Educational Plan, IEP）〕是否按照規定執行，且各方面都合乎最初的敘述和期待？如果沒有，為什麼沒有？這中間或許有不少值得一聽的原因，但也可能純粹是怠忽職守。所以要是能檢視一下，會是不錯的事。畢竟，現在真的有許多不按照敘述進行的方案和計畫，實際情況和人們所想不見得是同一回事。記得，就因為孩子的檔案裡頭，有諸如個別化教育計畫、行為計畫等各式文件，並不表示這些事情真的都有按照上頭的敘述在進行。

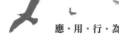

第十步：評估及調整

　　在我們持續監看進展，並且累積數據到了一定程度的時候，就得來判斷一下迪克的行為到底有沒有改善。要是該方案沒有發揮作用，那麼我們就得有所調整。這個時候，或許會需要重新執行前面幾個步驟。不過，這也是逐一淘汰不適用方法的大好時機。我們不希望花了一堆時間和力氣，做的事卻是徒勞無功。藉由科學的、以證據為本的方法，我們很快可以找出效果不彰的部分，並且做出調整。當然，這個調整也必須是有所根據，並不是單憑直覺就好。在 ABA 的方法中，嘗試各種介入方案沒有不可以，但必須公平、公正且科學地評估每一次的嘗試。畢竟，ABA 沒有所謂「一體適用」的方法，這點跟其他某些方法不一樣。

　　我們在評估行為方案的時候，要記得改變並不會一步到位。不管是好習慣還是壞習慣，都不會是一兩天的事。許多不良行為的誕生，都是經年累月的增強而成，所以，我們可以合理預期令人滿意的改變會花上一段時日。我們該做的事，就是注意目標行為是否有所改進。如果有的話，就表示我們努力的方向正確，除了可以感到開心，也要記得保持耐心。

　　行為模式的改變很少立竿見影，而且多半不會一路順利無事。假設迪克以前從未完成過課堂閱讀作業，但現在每週卻有兩天會做這項作業。這是值得慶祝的進展，表示方向正確無誤，但我們並不會就此罷手。在這個進程中，迪克有時候可能會暫時退步，像是他進步到每週有三天會做作業後，可能會短暫地倒退回到每週兩天，接著才又進展到每週四天。目標行為出現倒退的時候，我們不需要驚訝，也不必馬上放棄。保持耐心，給這個方案多一些時間，看看後續情形如何。有時候，我們只是需要小小調整，就可以推動目標行為繼續進步。

下面左欄的這段英文句子是一位學生的創意，最初是希望能幫助他自己記住行為分析的十個步驟：

我們的（Our）	指出目標行為（operationalize the target behavior）
行為（behavior）	基準線（baseline）
分析師（analysts）	前事（antecedent）
安置（place）	地點（place）
這（the）	時間（time）
孩子（child）	後果（consequence）
在（in）	找出正增強物和厭惡刺激物（identify positive reinforcers and aversive stimuli）
審慎（prudently）	設計並執行計畫（plan and implement a program）
監控的（monitored）	監看進展（monitor the program）
環境中（enviornments）	評估及調整（evaluate and adjust the program）

或許這也能幫你記住這些步驟！

本章一開始，我們提到有人說迪克「具有攻擊性」，但一路讀來就會發現這種標籤對我們絲毫沒有幫助。我們不去使用諸如神經質、精神病或是情緒障礙等標籤，正是這個緣故。我們難以隨隨便便就把某個人放入這些分類中，就算這人真是如此，加以標籤也不會改變我們幫助他的方法。所以，除非是為了應付政府單位，否則標籤實在是沒什麼必要。最後，一份正式的醫學診斷雖然用處多多，像是能找出病灶加以治療，還可以按方開藥，但要是我們現在是用教育或其他環境治療去改善行為，那麼了解該行為的前事、行為和後果，也就是所謂的 ABC，還是比較有用一些。

　　我並不期待多數的師長能夠自行整合這些資料並駕馭行為分析，但至少你現在知道分析師必問的重要問題，也明白背後的原因為何。

第**7**章 接下來該做什麼？

截至目前，我們談論的多半是普遍性的法則和原理，就連應用方法也只說了個大概。有鑑於此，我們現在就來談談該如何具體地應用這些行為法則。換句話說，我們這裡要談的方法，是確實可以應用的方法，而且真的能改變行為。

在開始之前，有一點請務必記得，那就是不論是用增強物去促進行為，或是用厭惡刺激去消弱行為，一定要在目標行為發生後馬上執行，否則就可能增強或消弱到其他行為。另外也要記得，為求最大的效果，這些基礎的學習操作常會互相搭配使用。

假設你所構思的行為方案，得仰賴別人的幫忙才得以完成，請記得要在合理的範圍內，盡量簡化內容，讓這項方案易於執行。畢竟，紙上談兵人人都會，但是常常計畫寫得天花亂墜，實際操作起來卻是一場災難。如果第一線的教育工作者沒有深受鼓舞，也沒有特別受過相關訓練，那麼必然會是一場災難。如果原本就忙得不可開交的現場教師，覺得這些行為方案只是多出來的工作，那麼必然也是一場災難。即便教師成員願意給這些

方案一次機會,事前也需要接受妥善的訓練。所謂的「妥善訓練」並不只是口頭上告知他們該怎麼做,或是丟給他們一份印好的講義,這點也務必記得。

接下來,我會介紹一些 ABA 領域中常見的行為分析應用。

▌塑造

我們若想增強一項行為,多半沒時間等它自然出現。如果沒有加以增強,多數的目標行為甚至鮮少出現,這是因為孩子的行為技能庫,可能還沒納入這項技能。在某些案例中,我們可能得等上一輩子,才盼得到目標行為出現。舉例來說,我們如果想教珍妮怎麼游泳,總不可能等到她哪天突然自己跳進水裡游起自由式,才開始去進行增強。面對這種情況,我們得設法去塑造(shape)她的行為,意思就是從現有行為開始連續且漸進地引導,讓她的行為越來越接近我們理想中的模樣。

基本上,塑造(shaping)其實就是正增強加上消弱的組合,前者引導行為走向正確的道路,而後者則是消弱不適當的行為。在這個過程中,我們會不斷用更接近目標、更進步一些的行為,去替換掉前一個行為。譬如我們想讓老是活蹦亂跳的迪克安靜坐在自己的位子上,那麼要做的事就是一步步增強他的行為,讓他越來越靠近椅子,接著碰到椅子,最後坐下來,大功告成!要切記的是,距離理想行為越遠的行為,就不要加以增強;唯有更接近理想目標的行為出現時,才需要特別增強。另外也要注意,同一個行為通常也不該重複增強。舉例來說,迪克距離椅子只有九十公分的時候,我們給了他適當的增強,那麼接下來他要是又退回一百二十公分,或者是原地打轉,便不必另行增強。一定要等他再度縮短距離,才會立刻得到增強。

有時候,人們若是看到理想的行為出現,反而會遲疑是否該立即增

強，生怕自己不小心壞了事情。他們認為自己當下應該屏住呼吸，切莫打擾，並且期盼事情會自己開花結果。然而，這其實是獎勵及增強孩子的大好機會，千萬不要錯過了！

仔細想想，其實爸媽有時候會跟孩子玩的那種「是冷還是熱」（Hot and Cold）的遊戲，其實也是某種形式的塑造。我們把獎品藏在某個地方，只要珍妮越來越靠近該地點，我們就會說她現在感覺越來越「暖和」了，這就是利用正增強去塑造行為，讓她越來越接近目標。除此之外，要是某位雕刻家想要用大理石去製作林肯（Abraham Lincoln）的雕像，那麼雕刻的過程中，大理石變得越來越像林肯這件事，也會反過來塑造和增強他的行為。

不僅如此，塑造還可以用來幫助珍妮達到四年級的閱讀能力。首先，她會從英文字母開始學起，接著背誦各種字彙，再來讀一年級的課本，一路慢慢接近目標。在這個過程中，她每次只要有所進步，就會得到增強。代數的學習也很類似，必須花上好幾年，經過一系列繁瑣的步驟才能學會。最開始先學數字的說法，接著學數數、再學加減乘除，最後才是代數。有些像是合作遊戲（cooperative play）等的社交行為也會用到塑造，譬如先讓孩子願意在彼此身旁玩耍，然後鼓勵他們互相說話，最後越來越常玩在一起。

在運用塑造的時候，我們常常得因應情況，調整獲得增強所需的進步幅度。但總歸來說，即便我們有所調整，最終的目標還是要讓事情朝正確方向前進。

▌反應差異化

反應差異化（response differentiation）是一套和塑造有關的程序。有時候，我們會發現某些行為雖然不時就會出現，但不是每次都符合「可增

強的標準」。反應差異化的目的，就是確認唯有行為達標才能得到增強。所謂的標準，可能會跟行為的某些特性有關，像是強度或持續時間，也可能是行為的頻率和速度。這些標準可以幫助孩子分辨哪些行為可以得到增強，哪些則什麼也沒有。除此之外，老師也可以藉由反應差異化，引導學生寫出清楚易懂的字跡，或者語言治療師也可藉此幫助個案的發音更為清晰。總而言之，只有符合標準的行為才會得到增強，而低於標準的嘗試則會受到消弱。

▌行為偏移

　　對於塑造和反應差異化若有一定的理解，要接著了解行為偏移（behavioral drift）應該會容易許多。一般來說，我們每次表現一項行為的時候，方式多少會略有不同。我們畢竟不是機器人，對吧？不管是籃球比賽的罰球，還是用鋼琴彈奏一首曲子，或是遇見朋友打招呼，這些行為每一次的表現方法都會稍有不同，有時甚至大有不同。當然，我們有一套自己做事的方法，只是有時候會做得好些，有時則做得差些。要是環境中的因素不變，我們的行為通常會維持特定的樣子，但要是有些重要的控制因素遭到消弱，或是失去效力，其他因素的影響力便會隨之升高，造成行為的既有模式有所偏移。這個過程就稱為「行為偏移」。物理學家會用「熵」（entropy）這個概念，去描述一個孤立系統中的混亂程度，隨著時間只會增加，而不會減少。兩者算是同樣的概念。

　　在自然環境中，我們所能得到的有效反饋或是後果並不一致。因此，我們其實常常遊走於各種前事和後果之間，要是不夠小心，就算是訓練良好的行為模式也常常變得草率混亂。為了避免行為模式過度偏移，我們需要不定期的正增強，確保自己走在正軌上，這就像是手錶要是不準，就得去重新設定、稍做調整一番。

在人工或治療環境中，我們可以運用反應差異化的方法（好吧，如果忘記的話，請翻回前文看看），也就是消弱行為偏移的傾向，同時利用正增強去推動更準確無誤的行為模式。這個過程就像好幾艘拖船，想要拖一艘大遊輪入港，並試圖將其維持在精確且筆直的航線上。與此同時，大風及海流卻不斷想讓船隻轉向。或許音樂老師或溜冰教練的正向回饋，能夠發揮正增強的作用，讓某個高水準的表現更常出現，最後漸漸變成習慣。

另一方面，我們或許可以反其道而行，利用行為偏移來達成目標，譬如有些行為上的偏移，其實是往我們希望的方向偏移。我們藉由塑造來增強這類型的行為偏移。同理，有些行為的既有模式並不適當，那麼我們可以利用消弱來降低這些模式出現的頻率。換句話說，目標就是要把不好的壞習慣留在過去。

絕大多數的人或許都碰過的一個例子，就是手寫的筆跡。低年級的時候，老師總是一再強調寫字要清楚易懂、整齊大方。我們當時因為頻繁練習，手部精細動作發展良好，所以寫的字多少會比今天來得整齊好看。畢竟，在高中和大學課堂上，因為要迅速做筆記的緣故，常常會把字寫得亂七八糟，久了也就習慣成自然。除此之外，活到這把年紀，也沒什麼人會特別來糾正我們潦草的筆跡了。

行為偏移這個概念也可以應用於較廣的情境，例如教室。舉例來說，史蜜絲老師的班級有個非常一致且訓練有素的例行公事，那就是下課回來後，得馬上進入一段安靜閱讀時間。她花了一整個秋天的時間，才讓這件事成為學生的習慣。看到學生表現如此出色，她感到非常高興。

十一月底，史蜜絲老師請了一陣子的產假，讓瓊絲老師來代課。瓊絲老師是位好老師，但她完全不清楚班上有這段「安靜閱讀時間」的規矩。剛開始幾天，班上仍然維持原本的習慣，每次下課回來，就會自己安靜看書。但過不了多久，有幾個孩子就開始偷懶，非得先聊上一陣子的天，才

肯去看書。然而，史蜜絲老師遠在天邊，沒辦法當場給予指正，而瓊絲老師也不覺得這有什麼大不了的。在她看來，這段時間就是要給孩子自由運用，只要別超過合理範圍就沒事。一陣子過去，越來越多孩子加入打混的行列，而全班未來會剩下多少人還願意安靜閱讀，可想而知。

要是問起行為社會學家，他們大概會說行為偏移的影響層面更為廣泛，譬如某間學校或其他組織的文化，甚或是整個社會的風氣。簡單來說，隨著時間移轉，這種偏移的過程，確實可能影響某一特定地區的文化和價值觀，但這就是其他領域的範疇了，這裡暫且不提。

在某些情境中，行為偏移的幅度會比其他情境來得大。

行為動力

要是某項行為經過太多次的間歇增強，有時候可能會非常難以逆轉，就算我們減少或直接消弱增強物也是如此。這種抗拒改變的程度高低，便是行為的「反應強度」（response strength），而除非有大事發生，否則行為會一直按照既有模式進行的這種傾向，則稱為「**行為動力**」（behavioral momentum）。在物理課上，我們都聽過「慣性」（inertia）這回事。大略來說，就是物體如果原本是朝某個方向前進，它就會傾向繼續往那個方向前進。又或者它原本是不動的，那就會傾向保持不動。行為動力也是差不多的概念。

根據行為動力的概念所設計的行為計畫，有時相當適合處理孩子不聽話的情境，換句話說，也就是他不願意照父母的吩咐做事。假設我們請迪克拿垃圾出去丟，但他無論如何就是不肯做這件事。不過，我們知道他會願意做哪些事，下次吩咐他去丟垃圾前，就可以先行建立起行為動力，幫助事情進展。要建立行為動力，我們可以藉由專家口中的「前事高可能性命令順序」（antecedent high-probability command sequence）來達成目標。

簡單來說，就是先讓迪克做幾件我們知道他願意做、且具有增強效果的事情，譬如先請迪克給我們看看他最近玩得愛不釋手的玩具太空船，再讓他打開電視，最後去車裡拿幾包餅乾出來一同享用。一旦我們建立起行為動力，順利讓迪克照著吩咐做事（並且還得到許多增強），我們便能順理成章地請他出去丟個垃圾。這項方法當然不是每次都會成功，但研究顯示，確實會增加孩子聽話的機率，不妨一試。

不僅如此，在教室的情境中，老師也可以嘗試看看，早上先帶學生做一些大家都喜歡的活動，讓一天有好的開始。一旦動力建立起來，接下來就算碰到比較無趣的活動，都可以順利完成。要放學時，老師可以故技重施，再讓他們做一些受歡迎的活動。這就像是製作三明治，前後都是具有增強效果的活動，而中間則是夾著較為艱難的任務。

▋連鎖

所謂的**連鎖**（chaining），指的是找出兩個或兩個以上相對簡單的行為，並將它們結合、鏈接在一起，形成一系列複雜的連鎖行為。舉例來說，我們教迪克刷牙前要先沾溼牙刷，接著擠上牙膏，最後才盡情開刷。或者是穿鞋的時候，要先穿上鞋子，接著拉緊鞋帶，最後打上漂亮的蝴蝶結。這些事情的教導順序都是按部就班，有先來後到之分。要注意的是，因為我們仍希望迪克能表現出每個步驟的對應行為，所以連鎖跟塑造可說是有所差異。

▋後向連鎖／反向連鎖

另外還有所謂的**後向連鎖**（backward chaining）或**反向連鎖**（reverse chaining），指的是「從尾到頭」建立連結。譬如我們教珍妮的第一步，可能會是刷牙的動作（已為她先擠上牙膏），下一個步驟則是教她怎麼自己

擠牙膏。這時，我們便建立了一串較短的連鎖行為：擠牙膏和刷牙。之後，我們會依序增加新的步驟，像是怎麼拿出牙刷等等，漸漸擴大這個連鎖行為，訓練珍妮變得更加獨立。由於較舊的連結習得以後，會反覆練習相當多次，得到的增強自然也會比較多，而比起最近才剛建立、離目標行為較遠的連結，也會更為穩固。

要是某項刺激跟另一項增強是搭配在一起的，或是恰好發生在這項增強的前頭，那麼它往往也會有增強效果，甚至自身就成了增強物。有鑑於此，連鎖行為中的每一道連結，都有兩個功能或任務，一個是接續上一個行為，另一個則是引出下一個行為。真要說的話，這種關係有點像是我們既是爸媽的孩子，但也是自己孩子的爸媽。每項行為都會增強自己的前一項行為，並成為下一項行為的區辨性刺激，提醒行為者接下來將有更多增強到來。

因此，隨著連鎖行為啟動，它會建立、累積越來越多的動力，並且變得越來越難停止。想要減肥的人，一定都經歷過這樣的事：我們好不容易把餅乾藏在某個祕密地點，眼不見為淨。然而，一旦心生想吃餅乾的念頭，便會啟動連鎖行為，整件事就像滾雪球一樣，一發不可收拾。我們會跑到藏餅乾的祕密地點，打開櫃子、拿出餅乾罐、打開蓋子……接下來的事情，想必大家都很清楚，我就不多說了。

不只是吃餅乾，我們遇到很多所謂的「完結行為」（consummatory behavior）問題時，這樣的事情也常常發生，譬如抽菸及喝酒。若是想要打斷這些連鎖，最好趁早行動，否則一旦它成了氣候，就很難中斷。更有甚者，我們最好一開始就避免區辨性刺激。換句話說，就是避開誘惑，或是像《痛悔經》（Act of Contrition）所言，要躲避「犯罪的機會」（occasion of sin）。想想看，要是我們讓連鎖行為一路到底，有多少人是真的可以「只吃一口餅乾」？某間洋芋片公司曾以「賭你不可能只吃一口」為行銷

口號，就是看準了這點。那麼，我們如果不會只吃上一口，會吃上多少口？這種連鎖多常發生？總而言之，碰到像這樣自然固有的連鎖行為，最好越早打斷越好。

另一方面，如果是背誦名單、詩歌、歌曲，或是禱詞這些事，後向連鎖的效果可說是卓絕至極。因為我們若是從後面的連結練習起，一旦開始回想或背誦某個作品，接下來伴隨而至的每道連結，都會比前面的連結還來得穩固，也因此更容易記住，也更容易完成。一般來說，後向連鎖的學習效果，會比前向連鎖還快，畢竟最後一道連結離增強物較近，而新建立起來的連結也會更快得到增強，進而自身也成為增強物。

不過，後向連鎖不是時時都如此有用。舉例來說，我們要是想教字詞的發音，就不適合動用這項方法。

我們教導某個行為的時候，常常會將上述的方法相互搭配，譬如先用塑造去讓對方習得行為，再透過增強來強化、促進該行為，最後利用區辨性刺激去引發行為，然後結合成各種連鎖行為。

我們剛才說過，連鎖可以協助建立新的行為，但同時也能消弱不想要的行為。若是將不想要的行為變得疊床架屋、效率不彰，便能有效地消弱它，譬如在行為的過程中，加入許多繁瑣的步驟，導致增強來得越來越晚，距離也越來越遠，最終失去效果。投訴或客訴的流程設計有時便是如此，常常繁瑣且冗長到了極點，讓人一開始就失去興趣，或是根本難以從頭做到尾。

▍褪除／提示褪除

一個行為如果是透過增強物和區辨性刺激而建立，例如直接的人為提示或暗示，到了最後，這些區辨性刺激會慢慢**褪除**（fading），或是逐步從情境中被移除，這就叫做**提示褪除**（prompt fading）。到了最後，只會留

下自然發生的區辨性刺激去提示、促進行為。有些英文的寫字練習本，就是褪除的實際例子。最一開始，練習本上會有完整的單字或字母，提供孩子跟著描摹，但這些字母接下來會越來越少，最後只剩下避免超出格子的線條。與此同時，孩子寫的字也會越來越好看，一次又一次達到可接受的標準。換言之，我們一邊增強目標行為，一邊也緩慢但主動地消弱區辨性刺激。另外，由於在行為鏈中，最後幾道連結通常最為強大，所以從後面開始褪除提示，會是比較好的做法。

再舉一個例子。我們若是要教珍妮怎麼樣安全過馬路，首先要帶她親自走一次斑馬線，接著說：「好，等等，現在先停下來。」這時，開始告訴她一系列的口頭提示，例如「注意左右來車」，或是「注意行人穿越號誌燈，如果是綠燈，就可以走，如果是紅燈，就不能走」。如果這些提示珍妮有聽進去，並且按照指示行動，那麼這些提示就會漸漸褪除，變成較精簡且不具體的提示，甚至像是「好的，我們到轉角了，現在妳該怎麼做？」這樣的問題，都是可能的提示。

不知道你有沒有教過自家的狗狗，讓牠聽到你的呼喚就會過來？若是有的話，你的方法大概會是先呼喚「過來」，並拉一下狗狗的繩子或項圈，就像釣魚那樣。過了一陣子，你一樣會呼喚「過來」，但只會輕輕拉扯繩子，作為提醒。到了最後，單單只要說「過來」，狗狗就會自己過來了。簡單來說，你就是在逐步「褪除」自己的協助，直到狗狗聽到「過來」，就會乖乖自己靠過來。當然，這一切的前提是狗狗每次靠近的時候，你都沒有欺負牠，否則後面就不用多談了。

我們要盡可能小心謹慎，不要濫用了人為提示。為了避免讓迪克碰上撞牆期，或是過度依賴提示，我們越快減少提示的次數越好，否則依經驗來看，依賴的情緒很快就會產生。

然而，儘管我們用盡全力，有時候還是會碰上一種情況，那就是迪克

若得到重要的提示，他的表現會相當出色，但要是沒了提示，就什麼都沒有了，至少表現出來的不是我們所希望看到的行為。

▌提示依賴

要是迪克變得太過依賴某個特定的提示，缺乏提示就會表現不佳，我們就可以說他已經陷入了**提示依賴**（prompt dependent）的狀態。處於如此情況中的人，要是少了提示，就難以做出理想的行為。

想要避免這種情形發生，我們可以觀察這個受到提示的行為，看看每次褪除提示後，會發生什麼事，再根據觀察所得，調整下一次褪除的規模大小。有時候，我們會太想一步登天，以至於希望迪克短時間內就進步神速。但別忘了，要改變行為絕非一朝一夕的事。要是我們可以在提示階層中加入一兩個中介步驟，通常會有所助益。

▌提示階層

我們若是按照預期的效果高低，將各種提示分層排列，那便是一個**提示階層**（prompt hierarchy）。舉例來說，由介入性高至低排列的提示階層會像這樣：身體接觸引導、展示或示範目標行為、口頭指示、姿勢提示（像是比手勢）、書寫或繪畫／符號提示，或是直接把物品放在顯而易見的位置上。當然，如果有必要的話，上述這些提示種類，可以細分為不同的步驟。

▌行為維持

就因為迪克有能力做得到某件事，並不表示他就會去做。我們教會迪克一項新行為後，必須確保一件事，那就是他會在正確的時間和合適的地點持續表現出該行為。此時，就該是**行為維持**（maintenance of behavior）

這個概念登場的時候了。簡單來說，隨著我們所給予的支持逐漸褪除，我們必須準備好一套方案，確保迪克會繼續表現出剛學會的新行為。我們或許得想出一套複雜至極的行為方案，運用各種增強物讓迪克不至於偏離正軌。但這只是短期的解決之道，長期來看並不理想。因此，我們會試著常態化（normalize）他所身處的環境，看看行為還會不會維持。所謂的「常態化」，多半就是讓他融入主流教室，並且試著將原本影響迪克行為的人工增強物，轉化為較為自然的增強物，這有助於行為維持和類化。

▌類化

所謂的「**類化**」（generalization），指的是刺激物的效果和行為從特定的幾個例子，擴散到更為廣泛或普遍的情境中。嚴格說起來，類化的類型很多，但對我們而言，讓迪克能夠在不同的情境中，正確表現出某個行為，才是最重要的事。有時候，在某個獨特、高度結構化的情境中，某位老師花了大量心力，終於教會了迪克，只要老師跟他說：「早安，迪克。」他就要做出友善的眼神接觸、露出微笑，並且回答：「早安，史蜜絲老師。」但事情就這樣了，除非迪克身處於該情境中，否則不會做出任何反應。事實上，對迪克來說，更長遠的目標應該是不管看到布朗校長還是門房警衛瓊斯，都要能夠做出相同的反應。舉例來說，假設珍妮知道蘿賓森是「老師」，而且知道看到老師要說「老師好」，那麼她可能會類化這個反應，往後看到史蜜絲老師、蘇麗文老師和蕾恩老師的時候，都會記得說「老師好」。換句話說，現在更多的刺激會引導到同一個反應，也就是說「老師好」。這就是所謂的「刺激類化」（stimulus generalization）。

當然，對許多人來說，一旦習得新的行為，就能輕易在任何地點和時間表現出來。但換作是有特殊需求的兒童和成人，這會是相當困難的事。他們需要不少幫助，才能將行為類化到不同的情境中，最後融入自然環

境。有時候，我們甚至得直接在好幾種不同的情境中，反覆教導同樣的行為，才能達成目標。許多用以協助行為類化的方法，常常會跟刺激控制的技巧有關，而這種讓某項行為出現在許多不同情境下的過程，則稱為**遷移訓練**（transfer training）。

除此之外，還有所謂的「反應類化」（response generalization），指的是刺激明明相同，卻引起不同的反應。舉例來說，珍妮看到母親的時候，會知道要喊「媽媽」，但隨著時間過去，她可能還會用「媽咪」、「母親」或是「媽」這些稱呼。這就是反應類化，儘管刺激不變，卻能引起更多不同的反應。

蘇麗文老師是迪克的語言治療師，她發現迪克跟她一起在語言治療室的時候，他說話都很清楚易懂，但迪克的班導總是說，一旦迪克回到班上，就又會變得說話含糊不清，像是含了滷蛋一樣。有鑑於此，蘇麗文老師決定花些時間到班上去陪迪克，如此一來，她才能親自看看迪克說話時，到底發生了什麼事，同時也可以時時提示迪克的發音，如果做得好就予以增強，做得不好則加以糾正。在教室中，蘇麗文老師有點像是區辨性刺激，不時敦促迪克說話要說得清楚好懂。接下來，迪克說不定會慢慢發現，只要講話清楚明瞭，同學也會比較願意聽他說話。漸漸地，他就會養成在教室中也清楚說話的習慣，而教室中的一些特性則會逐漸變成新的區辨性刺激。這時，蘇麗文老師便能慢慢抽身，而迪克的行為只需要靠自然環境中的自然刺激便能維持下去。

▋ 注意／關注

一般來說，我們若是**注意**到（attention）某件事或是某個人，通常就表示我們認可或承認了這件事或這個人的存在。在人類的社交互動中，要是某人得到了注意，就表示我們留意到他在那裡。由於人類是社會的動

物，他人若是注意到我們，那可是世上數一數二強大的增強物。仔細想想，不論是誰給予我們增強，其實同時也代表他們注意到了我們。簡單來說，注意會跟許多其他的增強物產生連結，或是配成一對，致使自身也變得增強效果十足。通常來說，注意到我們的人越重要，增強效果就越強大。注意的形式有很多種，像是微笑、說話、肢體接觸、眼神接觸、大笑，甚至是拳打腳踢。這些都是不同型態的注意。因此，我們確實可以利用「注意」來增強特定行為，而如前面所言，這算是一種正增強。

在教室中，注意可以來自於任何一個人，不管是老師抑或是同儕的注意，都可以是效果卓絕的增強物。不一定要是正向或友好的注意，才會有增強效果。在教室情境中，老師的斥責有時反而會增強不理想的行為，或者根本就沒什麼效果。在全班面前被老師大吼，再聽到同學哄堂大笑，有時候反而會增強效果十足，並進一步鼓勵不受歡迎的行為，讓情況變得更加複雜。這時，或許軟性斥責（soft reprimand）會比較有用。換言之，就是在公開場合中，老師應該私底下小聲地斥責犯錯的學生，而不是大張旗鼓，非要每個人都知道不可。如此一來，不受歡迎的行為就較不會得到增強。總而言之，同樣的斥責若是弄得天下皆知，有時候反而會成為增強物，讓不好的行為一再出現。

我們在前面提過，如果在不受歡迎的行為發生以後，不特別去注意，便能進一步消弱這項行為。要留意的是，要是我們所抑制的「注意」，根本不是一開始增強該行為的注意，那麼該行為自然也不會遭到消弱。人們常會刻意忽略他們所不樂見的行為，但卻發現一點用也沒有。如果是這樣的話，很可能增強這項行為的事物，根本就是其他事物，也許是別人的注意。當然，有時候來自他人的注意，也可能相當令人反感，甚至帶有懲罰的意味，尤其是對較小的兒童，或是遭到同儕戲弄霸凌的青少年更是如此。

▌共享式注意力

說到注意這回事，我們或許還會常常聽到「**共享式注意力**」（joint attention）這個名詞，主要是跟泛自閉症類群兒童有關。儘管這算不上是什麼行為原理或療程，但它的確指出了許多九到十八個月大的孩子會出現的一組行為。基本上，共享式注意力指的是兒童的注意力在手邊所做的事情，以及跟他一起做這件事的人之間來回轉換。假設珍妮在餐桌上玩拼圖，而迪克在一旁鼓勵她。珍妮要是補上了一片很困難的拼圖，迪克可能會說：「噢，不錯耶，這一片拼圖不好找。」這時，如果珍妮轉向迪克，眼神交會、露出微笑，表明自己知道他在一旁陪伴鼓勵，接著才轉頭回去繼續玩，這就是一個共享式注意力的例子。這是個很重要的行為模式，對疑似社交障礙的孩子也相當有用，我們得留神觀察。

泛自閉症患者常常還會碰到另一項和注意有關的問題，那就是刺激過度選擇。

▌刺激過度選擇

所謂的**刺激過度選擇**（stimulus overselectivity），指的是只聚焦於某件事的一個部分，而忽略了事情全貌，有點「見樹不見林」的感覺。舉例來說，珍妮在觀察同學聊天的時候，可能只聚焦在對話上面，而忽略了表情和肢體語言，以至於無法徹底了解整個互動的過程。或者是迪克在接受費妮根老師的語言治療時，太過專注於注意她的嘴唇動作，最後一個字也沒聽進去。

如果想讓某個人知道我們注意到他了，誇獎對方是很常見的做法。不過，我們要確保自己的用字遣詞夠好，真的有達到增強的效果。一般來說，只要兒童了解那個字的意思，像是：「珍妮！妳畫的樹很漂亮！」就會發揮增強的效果。然而，就算某個字詞在辭典中沒有正式定義，照字面

看起來也不確定是不是讚美，只要用在正確的脈絡中，並且富含情感，依然會有效果。舉例來說，我第一次看《歡樂滿人間》（*Mary Poppins*）這部電影已經是四十幾年前的事，但我至今仍然找不到「超級宇宙無敵霹靂棒」（supercalifragilisticexpialidocious）這個意思。不過，要是我做了某件事以後，別人說我是「超級宇宙無敵霹靂棒」，我大概還是會覺得很高興吧，因為這顯然是個誇獎。有鑑於此，我們面對語言能力較弱、較無法領略言外之意的孩童時，一定要留意他們聽不聽得懂自己說出來的讚美之詞。如果孩子不懂的話，我建議可以帶著熱情說出這些讚美，或是把它們跟孩子能夠理解的讚美相互搭配結合，效果會好上不少。

話又說回來，儘管用稱讚去增強理想行為是不錯的主意，有時候還是會遇到問題，那就是當特定的讚美之詞一再重複，或是當讚美的語調缺乏熱情時，這些讚美很快就會失去效果。珍妮極可能聽了一定次數的「珍妮很棒喔！」之後，就會決定拒之於耳外，來個充耳不聞。

幸好，在這個世界上，我們似乎永遠不缺稱讚人的話。在思考該運用何種增強物時，永遠要牢記在心，生活要「多采多姿」才有趣。幾乎各式各樣的增強物都應該時不時就有所調整，至少偶爾要稍停一下，免得彈性疲乏。當然，我們也不能忘記有些孩子不喜歡改變，所以應該在這兩者之間取得平衡，並且多加留意任何改變所帶來的影響。總而言之，結論就是，要是某件事物有增強效果，那就算是增強物；要是某件事物沒有增強效果，那就不算是增強物。

我有位堂妹是國小老師，幾年前開始教書時，她的媽媽（也就是我姑姑）列了一整張的讚美用語，好讓她去稱讚學生。我最近也在好幾個網站上（例如 www.careerlab.com/99ways.htm），看到一份相當不錯的讚美用詞列表，叫做「九十九種說『很棒』的方式」（99 Ways to Say Very Good）。這份列表的作者是 Arzella Dirksen，她是「四號服務中心」（HelpCenter 4；

美國丹佛某家電視台的客戶熱線）的創辦人。如果想要為生活帶入一些
「變化」，這份列表會是很好的起點。除此之外，我也來分享一些近年來
聽到的讚美用語：

做得好！（Well done!）

不錯喔！（Nice!）

太驚豔了！（I'm impressed!）

不賴喔！（All right!）

你超讚！（You rock!）

勢不可當哦！（You're on a roll!）

棒極了！（Way to go!）

正中紅心！（Bull's eye!）

一等一！（A 1!）

超－棒－的！（Dyn-o-mite!）

ＸＯ！（據我所知，ＸＯ應該是親親抱抱的意思）當然，我們怎麼能
忘了「超級宇宙無敵霹靂棒」呢？

我們要給予言語上的增強時，務必要讓珍妮和迪克知道自己是為何受
到表揚。我們當然知道自己是在稱讚什麼，但其他人畢竟不會讀心術，尤
其是兒童更是如此。因此，如果有所疑慮的話，記得把話說得清楚一些，
確保雙方的理解一致，例如：「珍妮，妳今天的拼字表現不錯喔。」

當然，我相信你一定想得出更多「很棒」的同義詞，但最重要的還
是，不管你要說什麼，務必要發自內心、真心誠意。

▌區分性增強

我們要是特別想要鼓勵某些行為，不管是什麼時間或是地點，都會急

於增強，尤其是面對剛剛才習得的理想行為更是如此。不過，大多數的行為適合增強的情境不同。所謂的「**區分性增強**」（differential reinforcement），指的就是特定行為應該只在某些特定情境下獲得增強。如果要區分一個情境適不適合增強，差別可能多了或少了某個刺激物——還記得區辨性刺激（S^D）吧？舉例來說，珍妮要是在合唱團練習的時候放聲唱歌，就應該獲得增強，但要是在上課的時候大聲唱歌，就不該得到增強。當然，她要是練習時唱歌走音或是唱得太快，也不該有所增強。

班級策略

還記得第 4 章的時候，我們談過連續、間歇和比率增強嗎？事實上，增強的時程並不僅如此，還有更多變化。

▍其他行為的區分性增強（DRO）

所謂的「**其他行為的區分性增強**」（differential reinforcement of other behavior；以下簡稱 DRO，發音就是 D-R-O），指的是一種常用以消弱和消去麻煩行為的區分性增強，也算是一種間距增強時程的應用。在 DRO 中，珍妮如果在某個特定時刻（短暫 DRO）或是時段（間距 DRO），並沒有出現某個不理想的行為，就會按照一套固定的時程來獲得增強。當然，如我們在第 4 章所言，這些時刻和時段可以固定不變，也可以有所變化。我們可以說，要是珍妮在五分鐘這個間距中，都沒有咬指甲，就會贏得增強。我們也可以說，如果珍妮在九點零五分這個時間點沒有咬指甲的話，也會贏得增強。這樣的時程安排分別稱為間距 DRO（interval DRO）或短暫 DRO（momentary DRO）。

在 DRO 中，我們會增強任何行為，但絕對不碰目標行為。這種方法

可以快速降低目標行為發生的頻率，但有時也可能意外增強到其他不理想的行為——還記得偶然增強跟迷信行為吧？一般來說，要是碰到了得益於自動增強的行為，消弱和隔離法（稍後在這章中會談到）往往效果不彰，但 DRO 和其他類型的區分性增強可能會相當有效。

▌不相容行為的區分性增強（DRI）

第二種區分性增強是「**不相容行為的區分性增強**」（differential reinforcement of incompatible behavior），簡稱 DRI。在 DRI 中，迪克必須表現出與目標行為不相容的行為，也就是不能同時進行的行為。換句話說，如果迪克在想要咬指甲的時候，改為拍手、彈奏樂器或是揮舞球棒，就會獲得增強。畢竟，上述三種行為都不容許他同時把手指放入嘴中。因此，DRI 有兩大條件：(1) 目標行為沒有出現；(2) 同時有另一項不相容的行為進行中。這種藉由適應行為去取代適應不良行為的做法，在 ABA 和行為治療的領域中相當常見。

▌替代行為的區分性增強（DRA）

DRA 是指「**替代行為的區分性增強**」（differential reinforcement of alternative behavior）。基本上，很多不同的事物都可以冠上 DRA 的名稱。以最廣泛的定義來看，DRA 就是挑選除了目標行為以外的一個特定行為去加以增強，就像是 DRO 那樣。廣義上來說，DRA 跟 DRI 十分相似，只是這項替代行為並不一定要和目標行為不相容。舉例來說，每次大家排隊去上美術課時，迪克都喜歡去戳珍妮，藉此吸引老師注意。老師認為，單單忽視這個行為，並無法消弱這個行為。因此這時她便要求迪克去幫忙點名。這件事對迪克的增強效果更大，於是他便歡天喜地、心甘情願不再戳人，轉而去認真點名。

前面說過，消弱的問題之一，在於可能會引起消弱陡增。不過，有時我們實在承擔不起目標行為陡增的風險，尤其是處理對兒童或他人危險的行為更是如此。若是如此，有時 DRA 會是不錯的替代方案，能夠有效擺脫不適當的行為，並且較不易引起消弱陡增的現象。不過，如果決定要使用 DRA 來消弱某個不適當的行為，我們首先得找出維持該目標行為的增強物為何。再來，我們不僅要中止這項增強，還要另找一項替代行為，並提供相同的增強。等等，我是說相同的增強嗎？沒錯，不過，雖然我們用的是相同的增強物，但在增強時程上必須有所調整，務必要比原本還來得緊湊、頻繁。

舉例來說，某天珍妮感到萬分挫折，於是便在課堂上大哭起來，並且用力抓自己的手臂。這時，助教瑟博小姐便把她帶到一旁安撫。珍妮很喜歡這種「另眼相待」的感覺，因此便更加頻繁地哭鬧跟傷害自己，幾乎每天都要來上一次，好吸引瑟博小姐的注意力。假設我們要消除珍妮的壞習慣，讓瑟博小姐置之不理顯然不是好方法，因為珍妮極可能會越演越烈，迫使瑟博小姐不得不再次給她關注。要是事情走到這個地步，不但班級秩序會大受干擾，珍妮自己也會受到傷害。因此，我們應該要提出一個替代方案，讓她不必大吵大鬧，還是可以跟瑟博小姐相處上一小段時間，譬如她只要順利完成一個課堂活動，就可以跟瑟博小姐在學校散步五分鐘，一天可能還不只一次。

此時，同一項增強物，也就是瑟博小姐的注意，現在同時增強了兩項行為，只是增強時程有所不同。珍妮不再需要藉由傷害自己，來換取瑟博小姐的注意了。換句話說，我們不但替珍妮的人生添加了額外的增強，同時也提升了她的一般增強水準（GLR）。如果我們想要消除某個受到增強的不適當行為，這會是不錯的主意。總之，當一切落幕，而且不適當的目標行為消失後，我們便可以逐步降低該替代行為的增強時程，但同時仍維

持一樣的行為比率，避免消弱陡增（理想上是如此）。

▌限定反應時間

家長和老師多少都用過「**限定反應時間**」（limited hold）這項策略，它的意思其實跟字面上差不多，就是對方唯有在限定的時間內完成要求，才會得到獎賞。我埋頭寫書的時候，手邊一張五百元的餐廳優惠券恰好過期，就算拿去那家餐廳，也沒有人會給我折扣，這就是限定反應時間的例子。除此之外，要是父母說：「迪克，我現在數到十，你如果在期限內把玩具收起來，我就念故事給你聽。」這也算是一個例子。或者是珍妮為了拿到成績，必須要週五以前交出作業。

▌高比率行為的區分性增強（DRH）

高比率行為的區分性增強（differential reinforcement of high rates of behavior），簡稱 DRH，指的是提升目標行為發生的頻率。目標行為必須在短時間內重複數次，才能夠得到增強。不久之前我才在新聞上看到，某個瘦瘦小小的傢伙在十五分鐘內狂吞了最多的熱狗，抱回冠軍大獎。這就是一種 DRH。再舉個例子，珍妮得要在一分鐘內完成十道數學題，才會拿到優的成績，假設要花上兩分鐘，則會得到甲；三分鐘的話，就是乙。或是珍妮的老師要他們在一分鐘內寫出十位美國總統的名字，若達成目標就能得到獎勵，這也是相關的例子。

▌低比率行為的區分性增強（DRL）

低比率行為的區分性增強（differential reinforcement of low rates of behavior），簡稱 DRL（這種簡稱方式到現在應該很熟了吧），指的是降低目標行為發生的頻率。語言治療師可能會藉由 DRL，讓說話太快的個案

慢下來,用容易理解的速度好好說話。除此之外,我們都知道老師常得費
盡心機,讓學生願意參與課堂。不過,某些學生可能會變得過度熱情,並
且問題問個沒完,大幅占去同學的發言時間。面對這種情形,老師並不想
徹底消除這些學生的行為,只是希望能降至合理的程度,這樣其他同學也
有機會學習。因此,老師決定,除非這些同學至少兩分鐘沒有發問,才會
去增強他們意圖參與課堂的嘗試。

▌非後效增強(NCR)

非後效增強(noncontingent reinforcement),或稱 NCR,指的是不管
目標行為有沒有發生,我們依然會給予平常增強這項行為的後果。對於一
路認真讀過來的人,我明白這件事聽來荒謬,請容我稍做解釋。NCR 的
目的並不是要增強或加強任何行為。恰好相反,它是藉由間接的方式去消
弱目標行為。理由如下:我們要是無條件地提供某項「獎勵」,一段時間
過後,獎勵的效果就會漸漸流失,無法再操控目標行為。換句話說,我們
減弱了目標行為和其後果間的連結,目標行為的出現不再等同增強物的到
來。試想我們如果每週都自動會收到一筆錢,何苦每週花上四十個小時去
努力工作,只為了一點點微薄的薪資呢?在這個例子中,薪資的增強效果
便會逐漸降低。

　　NCR 聽起來跟第 4 章提過的間距增強時程(interval reinforcement
schedule)有點像,但兩者其實大有差別。在固定間距(FI)和變動間距
(VI)中,我們是在設定的間距時間過去後,目標行為第一次出現時給予
增強。換句話說,要是間距時間結束後,目標行為等了一分鐘左右才出
現,那麼這次與上次增強的間隔時間就是十一分鐘。另一方面,如果
NCR 所設定的間距是十分鐘,那麼就代表十分鐘一到,增強便會跟著到
來(希望時間點不要離目標行為太近)。NCR 的好處在於,我們可以避免

涉入某些不適當的行為，以免反而增強了這些行為。除此之外，NCR 也可以作為消弱或是消弱陡增的替代方案，尤其當我們面對的是自我傷害或其他危險的行為。要注意的是，如果我們動用 NCR 的目標，是為了處理這樣的行為，就必須清楚 NCR 只是過渡的策略，要真正控制不適當的行為，還是得教導適當的替代行為。最後，動用 NCR 的時候請務必小心，別無意間增強了其他不理想的行為。

▎後效契約／行為契約

後效契約（contingency contract）有時候又稱行為契約（behavioral contract）。一般來說，要改變行為的人若是清楚自己的目標為何，也知道達成或沒有達成目標的後果為何，他要改變行為就更加容易。有鑑於此，有時和對方訂定一份正式的「契約」，說不定會頗有助益。後效契約的內容多半就是寫明預期目標及後續的懲罰和獎勵。有上班的讀者應該看過類似的契約，其中會訂出「每工作一小時可以得到 X 元薪資」等等。後效契約也可循此辦理，像是「假如你做了 A 事，接著我會做 B 事」，或是「假如你做了 A 事，之後便可以做 B 事」。

一旦契約擬訂，可以加印幾份影本，並請雙（各）方在見證人在場的情況下簽名以示負責。稍微正式一些的儀式，可以發揮激勵孩子的作用，並讓他們較願意遵守契約上的規定。除此之外，在紙上寫上預期目標，讓孩子隨身攜帶查看，也是可以考慮的做法。最後，若是能讓孩子的重要他人一同參與進來，契約的履行狀況多半會順利不少，不妨參考。

當然，有時候會碰上一種情況：某份契約在當下看起來有模有樣，但其實內藏漏洞或預期之外的問題。因此，擬定契約的時候，不妨從孩子的角度審視，試著找出潛在的問題，以便即時修正。不過，契約的實施期限一開始不宜太長，以不超過一週為佳。如此一來，就算契約有漏洞可鑽，

我們只需等個幾天，便能瀟灑轉身，並著手擬訂新的契約。

▌代幣制度

在教室的情境中，另一項極為有用的技巧便是「**代幣制度**」（token economy）。現在，我們已經知道不管是增強、懲罰、反應代價，還是其他方法，都應該伴隨在目標行為之後，否則就可能修正到不對的行為。當然，在實務上要立即分配增強物，並不總是可行。不過，我們多半會利用類化次級增強物作為替代方案，像是代幣、籌碼、星星、點數、貼紙或票券等等，之後再交換成備用增強物。對於那些總覺得獎勵給得太遲、誘因太過遙遠而缺乏動機的兒童，這套方法尤其管用。只要給他們一些實體獎勵，即便是遠在未來的獎勵也感覺近了許多，因而效果大增。這是著名的 Sperry & Hutchinson 公司「綠郵票」（S&H Green Stamps）所使用的方法，他們為了讓顧客掏錢，結帳時便會送給他們一些郵票，集到一定的數量後，便可以兌換一項增強物。

▌增強清單

S&H 公司出版了一份目錄，上面不但列出各項獎品（或稱增強物），供客人挑選，還詳細列出每項獎品需要多少張郵票才能兌換。這樣一份目錄便是**增強清單**（reinforcement menu）的例子。

換句話說，我們也可以幫孩子量身打造一份增強清單，上面列出一系列增強物，讓他們從中挑選。每項增強物應該要訂有「價格」，像是換取這項增強物需要多少代幣。增強清單一般都是建立於代幣制度之上，避免孩子對增強物產生**過度滿足**的狀況。畢竟，假如我們反覆使用同一項增強物，沒多久就會感到疲乏，這時增強物也就失去了效果。不過，若是提供一系列的增強物，讓孩子自己挑選，他們就更可能覺得新鮮。另外，若是

孩子要得到我們列出的增強物，唯有努力表現理想行為一途，增強的效果也會更加顯著。最後，清單上的增強物務必要定期更換。更替增強物的時候，不妨也聽聽孩子的意見，除了讓他們知道事情將有所改變，也確保增強物真的會有效果。

▌增強區域

有些老師會在教室中，規劃所謂的「*增強區域*」（reinforcement area），可能是一張桌子，上面有許多玩具、書本、遊戲、拼圖和其他有趣的活動。要是表現良好或是乖乖完成作業，孩子便可以贏得在這個區域裡玩耍的機會，時間長度並不一定，可能是五到十分鐘，也可能是其他間距。這套方法同樣可以避免過度滿足的情形發生。

在 ABA 中，增強是個常常談到的話題，但人們常常會有個誤會，那就是正增強不外乎是種「賄賂」。現在，我希望能修正一下這種誤解。

▌賄賂

賄賂（bribery）並不是 ABA 的專有名詞，但在 ABA 的領域中，實在太常聽到有人形容正增強就像是一種「賄賂」。我的《牛津英語字典》（*Oxford American Dictionary*）說，賄賂指的是「……利用金錢、資源等事物，說服某人做出不當行為，以謀取自身利益」（1999, p. 114）。由此可見，賄賂的意思是去誘使某人做出不法或不道德的行為，跟正增強還是有所區別。

除此之外，在許多案例中，賄賂都是發生於某個行為「之前」，而增強則是在目標行為出現「後」才會發生，沒錯吧？況且，絕大多數的人去工作的時候，都是因為有某種形式的酬勞，但我們可不覺得那是種「賄賂」。這樣說來，要是連大人都需要一點正增強，才好去上班工作，孩子

做這些事的時候，為什麼不該得到一些正增強呢？

　　無論我們喜歡與否，正增強都是學習的基本法則之一，在心理實驗和現實世界都已經為人展示、驗證了無數次。找這種事情的麻煩，就像是質疑萬有引力一樣。世界便是這樣運行，而且短期內都不會有所改變。

▋反應代價

　　在第 4 章的時候，我們稍微談過反應代價（response cost）。這裡來複習一下，反應代價有點類似懲罰，但不像懲罰的缺點那麼多。罰鍰就是一種反應代價，而且可以輕易寫入後效契約中。然而，不論有沒有這樣一份契約存在，我們還是可以規劃一套罰鍰制度，對於規範孩子的行為多少有所幫助。當然，使用罰鍰制度或其他衍生方法的時候，千萬別讓孩子「欠太多債」，否則效果就會有所減弱。

　　另外，如果我們同時動用增強和反應代價，要注意別讓「能贏得的增強物」跟「可能失去的增強物」重疊。孩子贏得增強物後，就算出現不當行為，我們雖然可以延遲給予增強物的時間，或是取消其他增強物，但終歸還是要說到做到，給他應得的獎勵。

▋暫時隔離法

　　暫時隔離法（time out）指的是「暫時與增強隔離」，算是近來常常聽到的專有名詞，但這個名稱和步驟其實常為人誤用。總而言之，我們要是碰上了一些棘手的狀況，像是找不到是什麼事情在增強某項不當的行為，或者是同時有太多事情在增強這項不當行為，根本難以控制，比較實際的做法就是「暫時隔離法」。換句話說，就是將迪克抽離那個充滿增強的環境，並安置於某個「隔離區域」，譬如缺少增強物的房間或是空間。某種程度上來說，其實跟關禁閉有些類似。

若是應用得當，隔離法應該要完全將迪克與一切增強來源隔離開來，不管是消除掉該情境中的增強物，還是讓迪克離開充滿增強的環境，像是罰他去待在角落、某個分隔物後面，或是某個鄰近的房間，皆是可行之道。一般來說，目標行為出現後，就應該要祭出隔離法，但隔離的時間不宜過長，一次十到十五分鐘就夠了。這裡提供一個經驗法則，就是孩子每長一歲，隔離時間就多一分鐘。因此，七歲大的兒童可能就得隔離上七分鐘。不過，假設孩子沒有大吵大鬧或是其他不適當行為，隔離時間若超過十分鐘，可能會造成反效果。要是孩子出現大吵大鬧這類的行為，通常會等到他告一段落，才會將他隔離。在複雜的自然環境中，隔離法可能會參雜一些懲罰、反應代價和消弱的元素。在某些情況下，如果孩子在自然環境中受到過度刺激，隔離法甚至會成為正增強物，或甚至是負增強物。畢竟，誰不需要偶爾享受一下片刻寧靜呢？

關於暫時隔離法有兩件重要的事：第一，目標行為出現以後，要馬上祭出隔離法，以免環境中的增強持續增長。第二，隔離區域內最好不要有具增強效果的事物，包括沒有人在場跟他對話，或是聽他說話，甚至是單純坐在那裡讓他看。另外，請務必記得，要是延後執行隔離法，花時間跟孩子詳細解釋、吵架，或是討價還價，可能會大大降低隔離法的預期效果，甚至全盤失效。

我們在 ABA 中所做的事，大多都是緩慢漸進的改變。在塑造中，我們按部就班地增強一項行為，讓它越來越接近目標行為；在淡化中，我們逐漸降低增強的頻率；而在褪除中，我們則漸漸減少用以鼓勵某項行為的提示，但同時維持行為不變。

▍要求褪除

另一個跟褪除有關的專有名詞是「**要求褪除**」（demand fading），指的

是逐漸增加對孩子的要求，使他們為了持續接收增強而改變行為。一般來說，要求褪除的適用對象，多半是那些喜歡用發脾氣來逃離或迴避師長要求的孩子。我們想到「褪」（fading）這個字時，想到的多是讓某件事物變小或變少，像是襯衫洗太多次會「褪」色。不過，褪有時候也可以是讓某件事「逐漸增強」，像是電影的配樂有時會由小聲漸轉大聲，這也是一種「褪入」。

舉例來說，迪克通常吃蘋果都只吃五口，要是有人突然規定他要吃十口，他必然會大發脾氣，鬧得不可開交。因此，在某個氣氛融洽的時候，我們不妨偷偷「褪入」一個不那麼激烈的要求，像是多吃一口蘋果。等到他完全接受這個要求後，再找機會增加到七口，依此類推。這個方式總讓我想起商店和加油站在漲價的時候，手法簡直如出一轍。

另外，不少用於改變不當行為的改變程序，其實聽起來還挺像是上一代常用的懲罰方式。

▋修正

修正（correction）這個名詞跟字面意思差不了多少，假如弄亂了環境，就要負責整理乾淨。有時候孩子大發脾氣時，會打翻東西、亂丟各種物品。這時若是讓他們將滿地的東西撿起來、放回原處，便算是一種修正。前面提過暫時隔離法，如果迪克表現出不當行為，並被隔離，那麼等到隔離時間結束後，我們後續多半會要求他做出修正及道歉。

▋加強修正

顧名思義，加強修正（overcorrection）的意思是要「進一步修正」。今天假設迪克牆上胡亂塗鴉被抓到，那麼他不僅要清理乾淨這面牆上的塗鴉，連同其他牆上的塗鴉也要一併處理。

▍積極演練

積極演練（positive practice）其實也是一種加強修正，基本上就是要反覆演練某項行為，並且得正確無誤才行。舉例來說，假如珍妮總是沒禮貌地說：「給我一塊餅乾啦！」我們可能就會要求她有禮貌地說：「請問可以給我一塊餅乾嗎？」五次，然後才給她餅乾。

▍消極演練

消極演練（negative practice）指的是讓對方在沒有增強的情況下，反覆表現目標行為。我們常會用這種方法來消弱不當行為和治療某些行為，例如妥瑞氏症、口吃，以及其他的重複行為，像是不斷扳手指關節這種人們常常不自覺的壞習慣。

不過，消極演練經常為人誤用。假設迪克今天做了件不當的行為，像是亂罵髒話，老師便要求他不斷重複那句髒話，直到罵髒話這個行為變得令他自己無法忍受為止。這樣的做法多半會被人當作消極演練，但在迪克的例子中，甚至是大量相似的案例中，我們其實有更妥善的方法去處理此類目標行為。說實在話，我已經好一段時間沒聽到有人這樣運用消極演練了，我希望你也別常常聽到這樣的事情。

既然我們談到了演練，其實還有另外兩種演練類型我也該提一下，它們常常用來強化學習效果。

▍密集演練

密集演練（massed practice）指的是在一段較短的時間內，反覆密集演練同一項行為。某方面看來，密集演練其實就是積極演練的極端型態。舉例來說，我們很多人都考過試，那種考前死背硬記課本內容的情況，就是一種密集演練的型態。假設珍妮週五有個拼字比賽，她或許會等到週四

晚上，花一整個小時的時間反覆背誦單字。這也是一種密集演練。

▌分散演練

　　分散演練（distributed practice）跟密集演練不同，主要是將練習量打散，並把時間拉長，不會把雞蛋都放在同一個籃子裡。舉例來說，珍妮要是週一到週四每天晚上都背個十五分鐘的單字，這樣到了週五要比賽拼字的時候，她一樣會練習到和密集演練一樣的量，只是練習的時間被打散了。假設我們整體的學習或練習量到了一定程度，不論學的是什麼，分散練習通常會帶來較佳的長期記憶，並且更容易回想起學過的東西。相反來說，要是我們只是為了明天的考試死記硬背，那麼記憶力大概只會維持到考完試而已。過了一段時間後，該忘的就忘得差不多了。

社交技巧

▌社交技巧訓練

　　社交技巧訓練（social skills training）這個名詞，指的是任何教導人們如何與他人互動相處的訓練方法。在社交技巧訓練中的目標行為，通常會包含眼神接觸、保持適當距離，以及握手。練習期間可以善用示範影片或錄影，除了幫助對方了解何謂適當的社交行為，也可以適時提供必要的回饋。

　　關於社交技巧訓練，許多早期的研究都著重在討論大學生的「約會」技巧。這背後有其原因，譬如這種研究多半會有大量受試者自願參加。不少心理學相關研究計畫，執行的人都是以大學教授和研究生居多，這是因為他們有無數的大學生作為樣本。這些自願參與研究的學生多半會拿到一小筆的酬勞，或是得到加分的機會。不僅如此，絕大多數的大學生本來也

都會想磨練一下社交技巧，活絡一下自己的社交生活。種種因素的運作下，自願協助研究的人自然源源不絕。

第 5 章的時候，我們談過「習得問題」和「表現問題」是兩件不同的事。在訓練社交技巧時，將這兩者有所區分是非常重要的事情。許多人其實早已習得適當的社交技巧，知道在特定情境下該如何應對進退，但囿於情緒因素，例如社交焦慮，他們可能無法表現出應有的舉止。對這些人來說，治療的重點應該在於他們的情緒因素，而非行為表現。減敏法或自信訓練都是可能的做法。另一方面，對於其他那些適應社交情境，但不知道正確適合做法為何的人來說，我們首先面對的就是習得問題，接下來才是表現問題。舉例來說，珍妮在角色扮演的情境中，能夠落落大方地向新同學介紹自己，但換做是真實情境，她卻會焦慮到什麼話也說不出來，這就是表現問題。另一方面，迪克在社交場合還算自在，但卻不知道該對新同學說什麼，這就是習得問題。

教導社交技巧的方式五花八門，但大多數都涵蓋結構式學習治療（structured learning therapy; Goldstein, Sprafkin, & Gershaw, 1976）的四大步驟：**示範、角色扮演、社會增強**以及**遷移訓練**。假設迪克每次都任意拿取同學的零食，我們的目標就是要讓迪克學會適當的社交禮節，譬如要拿別人的點心前應該說：「請問可以吃一塊你的餅乾嗎？」因此，我們的第一步就是示範怎麼說「請問可以吃一塊你的餅乾嗎？」給迪克看。再來則是角色扮演，我們或許可以扮作珍妮，讓迪克對我們說：「珍妮，請問我可以吃一塊妳的餅乾嗎？」這時，如果迪克表現出合宜的行為，我們就適當給予社會增強〔有時也稱為利社會行為（prosocial behavior）〕，譬如稱讚他，有時甚至可以真的給他一塊餅乾。

▍影像示範

研究發現,對於泛自閉症的孩童來說,讓他們觀看其他人展現社交行為的影片,會有相當出色的效果。除此之外,**影像示範**(video modeling)對於教導遊戲技巧(play skill)也十分有效。想要知道更多相關知識,不妨參考 Nikopoulos 和 Keenan(2006)的《影像示範與行為分析》(*Video Modeling and Behavior Analysis*)這本書。

▍照片連鎖

照片連鎖(photo chaining)指的是將某特定行為的連續步驟拍下來,並給孩子觀看這一系列的照片,藉此讓他學會這項行為。這也是一種示範的例子。人們常用照片連鎖來教導社交行為,但教導其他類型的行為也無不可。當然,照片中的示範者也可以是孩子自己,讓他成為自己的楷模。

▍社交情景故事

社交情景故事(Social Stories™)這項方法廣為人知,主要是加強泛自閉症患者的社交技巧,但對於絕大多數的幼童也十分有效。社交情景故事是由 Carol Gray(Gray & White, 2002)所設計,也算是一種示範的應用案例。這些故事多半簡短、圖文並茂,並且按部就班地示範各種社交行為,或是展示基本的自助技巧和自我保護技巧,有時也會教導孩子該如何保持自身的衛生。除此之外,這些故事也常以連環漫畫的形式出現,角色大多是簡單的線條人,頭上會有幾個「對話框」,表示他們在說些什麼,或是在想些什麼。

▍行為演練

所謂的**行為演練**(behavioral rehearsal),指的是演練某項行為的起承

轉合，藉此讓孩子熟悉該如何與人應對進退。在行為演練中，我們會演練一系列的社交行為，其中包括該行為的理想後果。隨著孩子越來越擅長表現這些行為，我們甚至可以稍微變化情境，讓他們能夠因應不同的情況。重要的是，一旦迪克習得新的社交行為，並且在人工安排的演練情境中也能順利表現，那麼我們就要設法將此行為遷移至真實生活中，讓他更有效地運用這項行為。

▍照本宣科法

照本宣科法（scripting）的意思跟字面上看來相去不遠，也就是重複先前聽過或演練過的台詞。我記得以前有個學生就常常在學校裡面走來走去，口中不斷重複：「再來個母音（I want to buy a vowel）！」[1] 看過美國益智節目《命運輪盤》（*Wheel of Fortune*）的人，必定一聽就知道是怎麼一回事，這孩子顯然看太多電視了。話說回來，照本宣科法也可做正面用途，譬如教導孩子在社交情境中該如何應對進退。如此一來，他們只要有所需要，便可以直接應對。我們可以運用行為演練，來讓孩子熟悉這些正確的做法，有時甚至不妨以玩偶為示範，親自展示一下該怎麼做。舉例來說，要是迪克看到別人在玩自己喜歡的玩具，通常會直接走向前，一把搶走對方手中的玩具。這種壞習慣會帶來不少問題，因此我們就得想辦法教會迪克正確的行為，像是要先跟對方說：「不好意思，珍妮，請問積木可以借我玩一下嗎？」

---

[1] 譯註：美國益智節目《命運輪盤》有個猜字的單元，若是參賽者猜不出答案，便可用比賽獎金「買一個母音」（buy a vowel），故後來引申為「我聽不懂你在說什麼」的意思。

▎遷移訓練

所謂的遷移訓練（transfer training），指的便是幫助孩子在新環境或情境中，依然可以表現特定的行為。若要說它是某種刺激的類化，也無不可。在遷移的過程中，我們得考量不同的情況，另外加入不少步驟。這些步驟不宜太過跳躍，而應按部就班，這樣才能順利將不適當的行為調整為更加適當的行為。每當孩子離開我們精心安排的人工或治療環境進入真實世界後，遷移訓練和類化會是幫助他們成功的重要方法。

▎引導演練

在某些情況下，光是口頭指示和示範並無法讓孩子知道我們希望他們怎麼做，譬如教導動作行為（motor behavior）時尤其如此。這種時候，我們可以試著動手去引導他們的行為和動作，這就稱為「引導演練」（guided practice）。舉例來說，珍妮的爸媽若是想要教她如何揮棒擊球，媽媽可能得站在珍妮的背後，握著她的手去做出擊球的動作。

▎放鬆訓練

對任何人來說，適度放鬆都是極為重要。放鬆能夠幫助我們集中精神，並且平息我們的怒氣、恐懼，或是其他情緒波動。不僅如此，放鬆還能減緩疼痛。在各個領域中，放鬆訓練（relaxation training）已經行之有年，譬如壓力管理（stress management）、產前課程、運動心理學，以及焦慮症療程。學習放鬆的方法同樣有各式各樣，但最為人所知的應是漸進式肌肉放鬆法（progressive muscle relaxation, PMR）：首先繃緊全身肌肉，接著逐一放鬆不同肌肉群，最後全部一起放鬆。這是自我控制很有效的方法，每個人或多或少都會有需要的時候。

我們感到焦躁煩惱，或是預期壓力即將襲來的時候，便可以藉此平靜下來。有興趣的話，不妨讀讀 Cautela 和 Groden（1978）合著的《放鬆：一本給成人、兒童和具有特殊需求兒童的綜合手冊》（*Relaxation: A Comprehensive Manual for Adults, Children and Children with Special Needs*）這本工具書，其中描述該如何幫助具特殊需求的兒童，個別化他們的漸進式肌肉放鬆法，非常有用。在教導漸進式肌肉放鬆法的時候，我們不妨將班上分成各小組，並讓正在學習這項方法的學生，帶領各個小組練習。在過程中，他們得大聲解釋每個步驟，並且親身示範給組員看。如此一來，他們不但能夠加深自身的理解，也能變得更為自信。

1967 年，我念研究所時的同學 Jeff Kean 曾經和 Anthony Graziano 發表過一份研究報告，講述他們順利讓一群自閉症的兒童學會了漸進式肌肉放鬆法，以因應這些孩子「突然變得高度興奮，並引起暴力行為、刺激增加，持續干擾適應行為的習得」（p. 253）。就我記憶所及，這大概是第一篇成功運用 PMR 在一群自閉症兒童身上的相關研究報告。

其實 ABA 還涵蓋了為數眾多的技術，講也講不完，譬如我們可以運用 ABA 來發揮教育的效果。這是我們下一章會討論的議題。

如前所述，ABA 的應用範圍極其廣泛，並非全都用於處理適應不良的行為。不僅如此，很多我們在一般教育體系中看到的 ABA 方法，換作是特教的環境也非常有用。

▋行為教育

一般來說，如果在學校或是其他教育場域所使用的方案或方法，是奠基於行為原理，那麼我們就會稱之為「**行為教育**」（behavioral education）。

▋直接教學法

行為教育中，「**直接教學法**」（direct instruction）對於一般教育的貢獻，可說是前列前茅。直接教學法包含了大量事先規劃妥當且排序明確的教學計畫及提示，要求學生必須積極回應，或是正確表現特定行為，以換取正增強。這些教學計畫皆經過大量測試，證實對於社經背景、性格殊異的學生都具有效果。除此之外，直接教學法中，教師會頻繁使用手勢，藉

此刺激學生維持注意力，對於過動症或是有其他注意力問題的孩子，特別有幫助。這類型的教學通常步調緊湊，除了會立即指出孩子的錯誤，也會設法讓學生每分鐘至少做出十次的主動反應。如此高頻率的表現，會提供教師立即的回饋，並且更容易注意到學生的學習問題，以便盡快解決。

▌算術及閱讀直接教學法（DISTAR）

直接教學法最常見的例子，是由 Siegfried Engelmann 和同事所設計、發展的「算術及閱讀直接教學法」（Direct Instruction for the Teaching of Arithmetic and Reading, DISTAR）。好玩的是，他們總是不斷更換這個方法的名字，有時候也稱為閱讀精熟法（Reading Mastery），並且跟「Horizon」和「Funnix」等閱讀教學有關。不過，DISTAR 除了廣為人知的閱讀教學，也有針對數學、語言等領域所開發的教學法。

▌「為學習量身打造的語言」計畫

「為學習量身打造的語言」（Language for Learning），是根據直接教學法所打造的一項口語教學計畫，可說是承襲了 DISTAR 語言計畫而來。這項教學計畫主要是設計給幼兒園到二年級的孩子使用，但對於年紀較長、英語為第二外語或有特殊需求的孩子，也是相當有用。除此之外，坊間也有「為思考量身打造的語言」（Language for Thinking）和「為寫作量身打造的語言」（Language for Writing）等計畫。

▌無錯誤學習

一般來說，人們若覺得自己學習起來是成功居多，失敗為少，就會學得更為愉快。畢竟，如果考試拿到 95 分，任誰也不會只想拿 5 分。順帶一提，請記得，一旦我們做了某件事，我們其實就是在練習這件事。常言

道：「熟能生巧。」但更精準來說，應該是「熟能生習慣」。不管某件事是好是壞，只要我們反覆練習，它就會逐漸變成根深蒂固的習慣，有鑑於此，練習好的行為，會比練習壞的行為來得好。許多的行為教育會要求學生進行大量活動，或是表現特定的行為，以證明他們確實學習到了。因此，所謂的「**無錯誤學習**」（errorless learning），便是要妥善安排教學內容，極大化學生的成功機率。就像是塑造一樣，無錯誤學習會讓學生從已知的事物開始，漸漸轉到目前未知、但不難推斷出答案的事物，按部就班地往前進。若學生犯錯，教師通常會給予提示，直到他們做出正確反應（可能是回答問題或是做出特定行為）為止。一旦正確反應出現，教師就立即給予增強，並且重頭再來一次。對於容易氣餒、難以接受失敗的人來說，無錯誤學習可說是相當有用的方法。仔細一想，我還真能想出不少性格如此的朋友。你呢？是不是也有很多這樣的朋友？

▌精確教學法

「**精確教學法**」（precision teaching）雖隸屬行為教育之下，但其實有自己的專用名詞。Skinner 的學生 Ogden Lindsley，有時被稱為「精確教學之父」，他跟我有想法相近之處。我現在撰寫這本書的原因，是希望用平易近人的語言解釋 ABA 的專業術語。但你知道嗎？即便精確教學法是行為教育下的一種應用，Lindsley（或是 Og，他的朋友大多這麼稱呼他）也覺得 ABA 的字彙太令人「退避三舍」，因此他也嘗試用簡單易懂的詞彙來替換 ABA 的專有名詞。舉例來說，在精確教學法中，他們不說行為（behavior），而說動作（movement）。還記得 Lindsley 的「死人規則」嗎？死人不會有所「動作」，自然也不會表現「行為」。

不僅如此，增強或促進一項行為被稱為「加速」（accelerating），而降低某項行為的比率則稱為「減速」（decelerating）。「定位」（pinpointing）

的意思是指出我們意欲鎖定或計算的行為或動作;「目標」(aim)的意思則是目標行為理想中的發生比率。在精確教學法中,既沒有錯誤,也沒有失敗,只有正確的反應跟珍貴的「學習機會」(learning opportunity)。

　　精確教學法的三大元素分別是:每天記錄正確和不正確的反應、使用標準格式的表格去記錄及呈現行為的每日發生比率,還有依據客觀的數據去研擬教案,以求最大效果。這樣說起來,精確教學法其實更像是某種評估方式,用以判斷教學方法有沒有發揮效果,而不是一種教學方法。Skinner 的女兒 Julie Vargas 博士,目前於西維吉尼亞大學教授行為學。她便曾提議將精確教學法改名為「精確記錄法」(precision measurement),因為重點在於將教學的效果精確記錄下來,而不在於某種特定的教學方式。誠如 Skinner 所言,沒有良好的教學,哪來的學習效果。

▎流暢

　　精確教學法的關鍵概念之一就是流暢(fluency)。流暢不單只是速度而已,而是速度與正確的結合。在許多領域中,例如閱讀、運動、音樂和演說,流暢都扮演著極為重要的角色。我以前高中的時候,不管是要將英文譯成法文,還是法文譯成英文,都可以做得正確無誤,但得花上很多時間,而且非要有英法雙語字典和文法書不可。總歸來說,我若要完成這項任務,並沒有太大的問題,發音也大多正確無誤,但這種程度絕對算不上是「法語流暢」。同樣的概念也適用於其他領域,像是閱讀、寫作和算術。所謂達到「流暢」境界的人,做起事來應該又快又好,不容易犯錯,就算犯錯也多是無傷大雅的小錯。換句話說,流暢就像是對某項事物達到了「精熟」的境界,有些人則稱此為「自動化」(automaticity)。

　　不少實施精確教學的老師,已經將流暢拉抬到了主要的教學目標,並且運用大量的計時技巧,去記錄和評估學生在這方面有無進步。所謂的一

分鐘計時法（one-minute timing）是最為常見的評估方式。舉二位數的加法為例，老師可能會給珍妮一份學習單，上面有大量二位數加法的題目，難度皆大同小異。接下來，老師會看她在一分鐘內能解出幾題，以評估她是否有所進步。

在各式教案中，流暢的重要程度常為人忽略。這裡提供三項流暢所能帶來的益處：第一，習得的知識或行為較不易忘記。第二，較容易持續表現特定的行為。第三，較容易遷移新的技巧至新的情境中。

標準曲線紀錄表／標準行為表

所有記錄下來的結果，最後都會整理到名為**標準曲線紀錄表**（standard celeration chart）或**標準行為表**（standard behavior chart）的特製表格上。這些圖表上面密密麻麻的都是藍色線條，乍看之下可能會如墮五里霧中，但只要花一點時間理解，其實並不難分析。

圖表繪製

所謂的**圖表繪製**（charting），其實就是將數據記錄在標準曲線紀錄表上，以利追蹤。精確教學法的口號就是：「要是在意孩子，就繪製圖表！」

SAFMEDS

精確教學法中有另外一個常見的名詞：SAFMEDS。初次見到這個名詞時，你大概是一頭霧水，這到底是什麼玩意兒啊？基本上，SAFMEDS就是「**看到就回答／每天一分鐘／重新洗牌**」（Say All Fast, Minute Each Day, Shuffled）的縮寫。這是一種運用閃示卡（flash card）去促進學習的教學技巧。簡單來說，就是每天讓孩子背誦或回答一組閃示卡上的內容，譬

如美國各州的首府，每次為期一分鐘，而且每次都要重新洗牌，免得他只是記住卡片順序，而非真的理解或是精熟內容。

這套方法聽來複雜，不過孩子一旦上手以後，多半就能自行處理。除此之外，1970 年左右，在幼兒園的 Stephanie Bates 製作了一份相當經典、實用的簡報，名為「跟史蒂芬妮一起繪製行為比率」（Charting Rates with Stephanie Bates），其中詳細解釋並展示該如何使用標準曲線紀錄表。有需要的人不妨參考。

▌編序教學

所謂的「編序教學」（programmed instruction），指的是利用學習原理去篩選和整合課程的內容，例如該教什麼事情（像是課綱），又該怎麼教這些事情等等。編序教學的變化繁多，但一般來說都是用在大學層級的導論課程，或是其他心理學和教育相關的課程。

▌個人化教學系統法（PSI）

你如果聽到有人說 PSI 這三個英文字母，這絕對不是某個熱門電視節目的名字，而是「個人化教學系統法」（personalized system of instruction）的縮寫。提出這套教學法的人，是 Skinner 在哈佛大學的研究所好友 Fred Keller。PSI 是個別化教學的實際應用，其中強調「按照自己舒服的步調前進」，但也要求學生在進入下一個學習階段前，必須先證明自己對課程內容已達「精熟」程度。過去 PSI 常常會以機械教學設備和編序教材作為輔助，但現在多已為電腦取代。在 PSI 中，我們會利用評量的方式，來觀察學生是否已達到「精熟」程度，並評斷他們是否已具有邁向下一個學習階段的資格，而不是非得達到某個分數不可。

▌編序教材

　　所謂的**編序教材**（programmed text），是一種非常有趣好玩的編序教學模式，大家應該不至於太過陌生。如果一本書是由編序方式撰寫，那麼讀者學習起來就會事半功倍。舉例來說，Gerald R. Patterson（1976）的《與孩子一起生活》（*Living With Children*）便是絕佳的例子。這本書主要討論該如何用行為分析去處理孩子小時候的不當行為，並且以

(1) ＿＿＿＿＿ 的形式撰寫，讀者學習起來必然事半功倍。一般來說，編序教材會有不少需要填空的地方，但答案或提示多半就在該段文字附近，以便學生快速檢視一下自己有無確實記住某個概念，並且時時自我糾正。總歸來說，這項方法會讓讀者 (2) ＿＿＿＿＿ 起來事半功倍。當然，比起一般的教材，閱讀編序教材會慢上一些，但由於讀者需要四下尋找提示及填寫正確答案，必然會更加主動學習。讀者找出 (3) ＿＿＿＿＿ 後，便能夠順利解決各式不同的問題。有鑑於此，閱讀編序教材的讀者，他並不只是被動地學習，而是主動去習得書中多數的內容。除此之外，因為他需要主動去 (4) ＿＿＿＿＿ 答案，所以學習到的知識自然更加穩固。如果教材難度較高，或是目標讀者是較年幼的孩子，可能需要比較強大的區辨性刺激，才能順利引出正確的答案。舉例來說，「會引出行為的事件就稱為

(5) ＿＿＿＿＿ 刺激」*。

　　這段討論編序教材的文字，其實也是用編序形式撰寫，看起來還不錯吧？

　　*答案：

　　(1) 編序

　　(2) 學習

　　(3) 提示

　　(4) 尋找及填寫

　　(5) 區辨性

樣本配對法

樣本配對法（match to sample）是一種行為教學的方法，意思跟字面上沒有太大的差異。在這項方法中，我們會展示某件事物給孩子看，並且列出一組對照物，請他選出最為相符的項目，說起來就跟單選題差不多。比較簡單的樣本配對法，可能就只是玩玩綠色積木或黃色蠟筆，但比較複雜的配對法，則可能會是辨認英文單字。舉例來說，迪克會拿到一張寫著英文單字「cat」（貓）的卡片，並且要從好幾張動物的圖片中去挑出正確的選項。一旦他回答正確，便會立刻得到增強。

等同刺激

在某些複雜的情境下，相互配對的刺激並不一定完全相同，只是代表的事物等同。數學課上常常說的 A＝B、B＝C，所以 A＝C，就是這種概念。現在假設 ⋯ 這個圖案代表一隻狗，D、O、G 這三個字母合在一起也代表狗，而 dog 這個單字唸出來也是狗的意思。這三項刺激都表示狗的概念，而且人們聽到或看到它們的時候，腦袋中出現的形象應該也是大同小異。因此，這三項刺激便是**等同刺激**（stimulus equivalence）。有趣的是，我們在解釋這層關係的時候，例如 ⋯（圖像）＝DOG（書寫），而 ⋯ ＝dog（口說），孩子自己通常就會推導出 DOG（書寫）＝dog（口說）。所以，珍妮往後聽到 dog 這個字，她除了可能選擇 ⋯ 這個圖片，還會寫出 DOG 三個字母，即便我們從來沒有直接告訴過她 dog（口說）＝DOG（書寫）。

基本上，人們說自己「懂了某件事」的時候，指的就是這般觸類旁通的能力。當然，**等同刺激**和其應用還有不少複雜的變化，但若要詳細討論，恐怕超過了我們現在所需要知道的程度。等同刺激對語言學習相當有

用，另外也可能會促使恐懼症或是其他情緒反應擴散，不過這大概屬於其他領域的範疇了。

如果想知道行為教育最近發生的大小事，不妨讀讀 The Roscoe Ledger 出版的《兒童教育和治療》（*Education and Treatment of Children*）期刊，或是由 Springer Science+Business Media 發行的《行為教育期刊》（*Journal of Behavioral Education*），你肯定會覺得很有趣的。

我相信大家都會同意，溝通的能力對人類來說是重要至極。研究指出，ABA 對於人們學習如何有效溝通非常有幫助。在 ABA 的世界中，我們會用「言語行為」（verbal behavior）來指涉溝通相關的行為。

語言及言語行為

在第 2 章末，我們簡單談過言語行為的概念。有鑑於言語行為是 ABA 的重要環節，而語言問題也是泛自閉症患者的重大問題，這裡提供並解釋一些相關名詞，希望有所幫助。

▌要求行為

所謂的**要求行為**（mand），指的便是做出請求，也就是「要求某件事」。要是不好理解的話，不妨想想 de-mand（要求）和 com-mand（命令）這兩個英文單字。不過，要求行為的意思並不一定這麼「強烈」。要教會孩子什麼是要求行為，並不是太困難的事，因為行為者（說話的人）能夠藉此達成目標。舉例來說，迪克若希望珍妮把遙控器遞給他，他可能會說：「把遙控器拿來。」這就是一種要求行為。

▌標示

標示（tact）也是言語行為的專有名詞，指的是「為某件事物命名或是分類」。要是珍妮看到了一隻毛茸茸、有著一條長尾巴，又會喵喵叫的生物，她會說這是一隻「小貓」。這時，她便是「標示」了這隻貓。換個例子，假設珍妮正在翻閱一本繪本，突然看到餅乾的圖片，她馬上指著圖片說「餅乾」，這時她就是「標示」了餅乾。另一方面，如果珍妮想吃點心，想吃到跑去跟媽媽說：「餅乾！」這就是要求行為，而不是標示——沒有搞混吧？記好了，依據情境不同，同樣的言語行為可能有時是要求行為；有時又是標示，就像是某些英文單字既可以是名詞，也可以是動詞。舉例來說，step 和 phone 這兩個單字，取決於語境不同，會有不同的詞性。

▌回聲模仿

所謂的回聲模仿（echoic），意思和字面上看來大同小異，譬如迪克重述一次珍妮剛才說過的話，就是回聲模仿。一般來說，如果個案的口語能力有限，我們會用回聲模仿作為起始步驟，並且大量動用提示和塑造，設法促進言語行為。這也是語言教學中常見的教法，舉例來說：

老師：「狗的法文是 chien，請跟我一起唸『Chien』。」
學生：「Chien。」

▌功能性溝通訓練

人們要是無法流暢表達自己的需求，多半會相當挫折，有時甚至會訴諸激烈行為。這些不當行為可能會引來他人的注意，進一步增強這類行為，讓它更頻繁出現。具有嚴重口語和語言障礙的人便常為此所苦。所謂

的**功能性溝通訓練**（functional communication training, FCT），便是教導這些溝通有障礙的人其他溝通的替代方案，讓他們得以流暢表達想法和需求，順利達成自身的目標，不必訴諸激烈行為也能獲得增強。在這些溝通系統中，口說以外的行為也有「語言」的功能，因為它們為孩子搭建起了溝通的橋樑。手語（sign language）和圖片兌換溝通系統（PECS），便是功能性溝通訓練的例子。

▌圖片兌換溝通系統（PECS）

　　圖片兌換溝通系統便是所謂的 PECS（Picture Exchange Communication System），主要是設計來教導具有嚴重溝通障礙的患者，讓他們習得基礎的溝通技巧。PECS 分成好幾個訓練階段，一開始便是教導孩子用某一增強物的圖片，去兌換實際的增強物，接著慢慢引導他去討論環境中的事物。一般來說，日常事物會以圖片呈現，而常見的字句則會用符號代替。PECS 的功用在於，具有溝通障礙的孩子可以藉由圖片的幫助，順利傳達自己的想法和需求。另外，進行 PECS 期間，我們多半不會使用語言提示。最後，爸媽在家也可以教導 PECS，藉此幫助孩子。

▌基本語言及學習技巧評量（ABLLS）

　　基本語言及學習技巧評量（Assessment of Basic Language and Learning Skills, ABLLS）和基本語言及學習技巧評量修訂版（ABLLS-R），是系統化的行為評量工具，主要用以辨別孩子在語言和其他重要領域的技巧缺陷，譬如言語行為、自我協助技巧和學前預備技能（pre-academic skill）等等。這些都是孩子在日常經驗中所能習得的技巧，而一旦辨別他們的問題所在，便能依此打造個人化的教案，幫助有特殊需求的孩子成功。

▌自閉症診斷觀察量表（ADOS）

自閉症診斷觀察量表（Autism Diagnostic Observation Schedule, ADOS）和自閉症診斷觀察量表第二版（ADOS-2），跟基本語言及學習技巧評量還有其他評量工具一樣，它們比較不像是心理學家口中的「測驗」（test），而是一套用以觀察各年齡層行為的系統，從嬰兒到成人皆然。在這套系統中，我們會觀察好幾項行為，並根據其中的語言和社交行為進行評估。觀察完畢後，我們會接著計算分數，看看對方有廣泛性發展障礙（Pervasive Development Disorder, PDD）或自閉症的可能性如何。第一版的自閉症診斷觀察量表對於口語能力有限的青少年和成人，並不算是特別有幫助，但第二版大幅改善了這方面的不足，應用範圍更加廣泛。

▌VB-MAPP

言語行為評估及安置計畫（Verbal Behavior Milestones Assessment and Placement Program, VB-MAPP），是由 Mark Sundberg（Skinner 言語行為的專家）和他的同事提出的言語行為評估系統。這是一套相當全面的系統，主要用於幫助自閉症和語言發展遲緩的人，其中分成五大部分，包含評估孩子當下的言語技巧、指出他們目前所遇到的障礙、記錄他們的進步、提供教學上的建議，以及提出理想的目標。

更多提升學習的方法

▌螺旋式學習

螺旋式學習（spiral learning）是一種周而復始的教學方法。在這個過程中，我們會不斷複習特定的幾個主題，每次加入更多、更深入的細節及內容，有點像是減敏法加上分散式教學（distributed learning）。講到這裡，

你有沒有發現本書其實也一再討論同樣的主題？我們不斷提到前面幾章就提過的事情，但第二次提到的時候，往往會將內容加深加廣。

▎過度學習

我們常常會聽到**過度學習**（overlearning）這個名詞，但嚴格說起來，它並不算是 ABA 的專有名詞。如今過度學習常為人用於各種地方，但簡單來說，它的意思大概不脫「即便達到標準，仍然持續練習某件事」。舉例來說，有的孩子會不斷背誦歐盟所有國家的首都，即便他才剛在這項考試上拿了滿分；有的鋼琴家會不斷練習同一首莫札特的曲子，即便他已經公開表演這首曲子很多年了；有的演員會持續排練台詞，即便他已經演出這齣戲劇好幾週了；有的體操選手會持續苦練特定的體操動作，即便他已經用那套動作拿到了金牌。這些都是過度學習的例子。除此之外，若是某人試著吟誦多年前背過的禱詞，除了可能得到一些好處外，也是過度學習的例子。

理想上來說，過度學習的一大好處，就是讓人更不容易忘記先前習得的行為。學生若是一再複習數學定理或英文單字拼寫，即便過了很長一段時間，通常還是能夠正確無誤地回答問題。不僅如此，過度學習也可以幫助孩子，面對壓力情境（考試、在眾人面前表演）不至於崩潰瓦解，反而能順利表現。有些人認為，過度學習是人們能否達到「流暢」狀態的關鍵。

▎挪瑪斯療法

常常接觸 ABA 和自閉症資訊的人，多半也聽過所謂的「**挪瑪斯療法**」（Lovaas）。這項療法的創始者 Ole Ivar Lovaas 博士是自閉症治療研究中，影響力十分巨大的先驅研究者。他最著名的研究，是針對自閉症的幼兒，

施行密集的行為治療。這篇論文 1987 年發表於《諮商與臨床心理學期刊》（*Journal of Consulting and Clinical Psychology*）。在論文中，Lovaas 提到，接受行為治療的孩子升上一年級後，有 47%的人智力功能和教育功能都達到正常水準。換言之，他們搖身一變，變得跟其他同學沒什麼兩樣，算是相當成功。最後，這項療法雖是 Lovaas 博士的重大貢獻，但如今也以許多不同的名稱出現，譬如早期密集行為介入（EIBI）、單一嘗試教學法（DTT）、桌面訓練（table top training）。

▌早期密集行為介入（EIBI）

　　一談到治療自閉症的療法，我們常常會聽到「**早期密集行為介入**」（early intensive behavioral intervention, EIBI）這個專有名詞。一般來說，人們多會將其視為 Lovaas 及同事發展出來的治療方法，譬如單一嘗試訓練。但真要說起來，早期密集行為介入更著重於「治療的介入程度和介入時間」，而不是「治療本身包含哪些內容」。簡言之，它的意思和字面上並沒有太大差異，治療方案（或介入方案）多半是趁孩子還小的時候進行，譬如兩歲，而每週的時間通常會長達三十至四十小時。在某些情形下，早期密集行為介入會需要受過良好訓練、且接受專業指導的團隊，輪流前往個案家中進行協助。這些介入方案的重點，在於促使孩子發展出適當的行為，譬如良好的溝通、自我協助和社交技巧等。這都是為了要讓孩子能順利適應一般學校系統，而不是未來都得被安置在高度特殊化的學校。

▌單一嘗試教學法（DTT）

　　這些年來，很多事物都冠上了「**單一嘗試教學法**」（discrete trial training, DTT）的名號。所謂的「單一嘗試教學法」，指的是一套架構明

確的密集教學策略，通常是用以教導非常特定的行為。這些教學法多半會重複使用相同的前事、行為及行為後果。舉例來說，老師跟學生會找張桌子坐下，老師會坐在學生對面，並請他依照提示，指出特定的字母。順帶一提，學生先前已經看過很多次這些字母，因此會有一定的熟悉度。對於某些學生來說，這會是有效的教學法，但因為十分密集，若沒有小心監控，可能會轉為厭惡經驗。除此之外，這項教學法通常不會帶來太多「類化」的效果，所以如果想要讓孩子將習得的技能從人工環境遷移至自然環境，最好要搭配其他方法。

單一嘗試教學法是效果卓絕的教學法，這點毋庸置疑，但它不過是萬千種方法中的一種。我們應該視其為效果良好的早期方案，但隨著孩子漸漸習得重要的先備技巧和知識，就可以進一步帶入較為主流的教學法。如此一來，孩子除了能透過單一嘗試教學法獲得進步，也可以在自然環境中得到更多訓練。

▌隨機教學法

只要是在自然環境中順勢而為，抓住時機進行教育的方法，都稱為「隨機教學法」（incidental teaching）。對於一些部分習得的技巧，隨機教學法會是十分有用的方法，因為它可以維持並類化這些行為。這種情況可能會發生於孩子跟成人互動的時候，譬如求助或是要求某項事物。舉例來說，迪克跟大人要某樣東西，但是發音錯誤，這時糾正他的發音就是隨機教學的例子。另外，要是珍妮因為外套拉鍊拉不起來，跑去找老師求助，那麼老師這時除了出手幫忙，也可以順便教她該怎麼拉拉鍊。

當然，隨機教學在某種程度上還是可以事先安排，並且運用自然的增強物。孩子若正好在進行他們喜愛的活動，或是恰好出現高可能性的行為（high-probability behavior），師長可以藉此機會去加強那些極為有用、但

低可能性的行為。舉例來說，午餐後的自由時間，迪克總是喜歡去翻閱一本關於火車的圖畫書（高可能性行為）。這時，老師便能善用這個機會，提示迪克先去整理午餐廚餘（低可能性行為），接著才交給他那本書（正增強）——還記得普馬克原則吧？

另外，想到隨機教學的時候，別忘了也要想到「打鐵要趁熱」這句俗語。在其中一種隨機教學中，一旦碰到絕佳的學習機會，我們就要趁機多讓對方練習幾次他所要學習的行為。舉例來說，珍妮遇到了要說「你好」的情境時，她便從善如流地說了一次「你好」，但這時我們便提示她要再說兩次「你好」，才能順利獲得增強。換句話說，珍妮一共練習了三次這項行為，一次是最初的行為本身，另外兩次則是練習。如果我們想要增加孩子在自然環境中的練習機會，這會是很好的方法。

有些行為分析師會用「隨機教學法」這個名詞，去指涉「自然環境訓練法」，但多半是指其中比較簡單的一些應用。

▌自然環境訓練法／自然環境教學法（NET）

一談到「單一嘗試教學法」或是「隨機教學法」，我們常會聽到有人用「自然環境訓練法」（Natural Environment Training）或「自然環境教學法」（Natural Environment Teaching）這些名詞，來描述某種類似 ABA 的替代方案。不過，自然環境教學法強調的是，我們不該在人工的環境中教導孩子，像是單一嘗試教學法坐在桌前的「桌子情境」，而是應該運用 ABA 原理，在現實世界中訓練、教育孩子。在許多自然環境教學法的實例中，我們較少使用隨機教學法，多是事先規劃準備，並且根據擬定的計畫行事。除此之外，可以的話，我們也會使用內在增強物。

我們與其將自然環境教學法跟其他方法視為處於光譜兩端、無法共存的事物，不如將前者看作是一種轉變過程。換句話說，就是將行為從架構

明確的環境，慢慢遷移到架構鬆散環境的學習過程。當然，在這個過程中，不是每個人都得從同一個地方出發，但對於多數人來說，最好還是從架構明確且有所限制的環境開始，接著以架構較為鬆散和「常態化」的環境為目標，逐漸將目標行為遷移到現實世界。另外，某人眼中的隨機教學法，和另一個人口中的自然環境教學，是可能相互重疊的，而這些方法既然都處於此一轉變過程，彼此的界線自然也多是不甚清楚，沒有明確的頭尾。

核心反應治療法（PRT）

核心反應治療法（Pivotal Response Treatment, PRT），又稱**核心反應訓練**（Pivotal Response Training）或**核心反應療法**（Pivotal Response Therapy），主要是一項 ABA 的基礎治療方法，由 Lynn Koegel 和 Robert Koegel 所發展。這項療法的重點並不在於各種個別行為，而是在於所謂的「核心反應（或行為）」——也就是個人在自我管理和社交互動等面向的重要行為。這個概念在於先教會孩子幾項關鍵的核心行為，幫助他們打開學習其他相關行為的大門。一旦他們開始進行新習得的核心行為，學習其他相關行為的機會就越可能到來。不僅如此，只要孩子認真投入幾個核心領域，未來他的進步也更容易移轉到其他相關的領域，不必再去特意加強。最後，比起嚴格的單一嘗試教學法，核心反應治療法主要是以玩遊戲為基礎，架構較為鬆散，且高度重視自然增強物和家長本身的訓練。

正向行為支持計畫／正向行為介入與支持計畫

所謂的「**正向行為介入與支持計畫**」（Positive Behavioral Interventions and Supports, PBIS；原為正向行為支持計畫），主要是以正向控制去處理孩子在家中及學校的不當行為。

這項計畫最初稱為「正向行為支持計畫」（Positive Behavior Support, PBS），原本是為了反制當時社會太過濫用厭惡控制，去治療發展障礙患者的風氣而生。正向行為介入與支持計畫有自己的組織，稱作「正向行為支持協會」（Association for Positive Behavior Support, APBS），舉辦了不少相關的研討會，並四處辦理培訓課程，希望在學校及其他地方推廣這項計畫。除此之外，這項計畫運用了許多 ABA 的方法及療程，不少擁護者也都是行為分析師。因此，正向行為介入與支持計畫跟 ABA 絕對是可以共存的。

▍言語行為方法

言語行為方法（verbal behavior approach）奠基於 Skinner 的言語行為，並由 Jack Michael 和他的同事進一步完善，主要的實施對象是口語表達能力和語言能力有限的孩子。言語行為方法的基礎應用，就是教導學生所謂的「要求行為」（還記得嗎？），接著再慢慢擴及其他的語言需求，尤其是大家所說的「表達性語言技巧」（expressive language skill）。對於還未能流暢與人溝通的孩子而言，這是相當有效的治療方法。

▍學校教育的行為分析綜合應用（CABAS）

所謂的「學校教育的行為分析綜合應用」（Comprehensive Application of Behavior Analysis to Schooling, CABAS），是一套奠基於行為學的系統，由哥倫比亞大學師範學院的 Doug Greer 所設計。這並不只是隨處可見的閱讀計畫或是代幣制度，而是一套由下而上影響整間學校的系統，其中大量運用行為原理於學校社群中的成員，例如學生、教師、行政人員，甚至是父母，目的是為了讓他們更有效率地扮演好自己的角色。這套系統的示範學校在美國、愛爾蘭、英格蘭等地皆可看到，其中包括專門治療、教育

泛自閉症和其他相關溝通障礙的特殊學校。最後，CABAS 委員會也固定會舉辦國際研討會，並且發放給教師及其他行為教育工作者相關的認證。

　　先前幾章，我們提及了不少常見的行為原理應用。不過，「不少」當然不是「全部」。由於現實中的情境往往牽連各種因素，再加上許多專家真的是滿腦點子，多數的行為方案只要經過調整、改造，其實可以變化成各式各樣的形式，進一步增強效果。

第**9**章　摘要整理

終於來到了本書的尾聲，該是時候花個幾頁篇幅來回顧一下幾項重要的概念：

❶ 增強（或是厭惡後果）應該緊跟在我們希望調整的行為之後。要是立即給予增強在實務上有困難，可以善用代幣、星星、點數或是打勾等替代方案，稍後再讓他們依此換取增強物。有些孩子對太過遙遠的獎勵會覺得無感，而這些替代方案能夠維持這類獎勵的效果。舉例來說，我們要是給珍妮和迪克一些實際物品，作為未來換取獎賞的憑證，那麼這項獎賞就不會顯得那麼遙不可及，進而達到目標效果。

❷ 校園中常見的增強物包括特定的教室工作、早點下課、獲得玩玩具的特權、在資源教室待久一點，以及獲得老師的關注。「關注」是非常強大的增強物。畢竟，一旦得到關注，往往代表更多增強即將到來。對於某些孩子來說，就算只有一點點的關注，不管是老師大聲斥責，或是父母揍他一頓，通通具有強大的增強效果。

我們有時責罵孩子的不當行為，到頭來反而讓事情越演越烈，正是這個道理。

❸ 一開始，就算孩子的行為只是略為接近理想行為，也應該得到增強。

❹ 增強應該頻繁給予，特別是剛開始的時候更是如此。不過，此時的增強幅度還不需太大。

❺ 如果我們所提供的增強物，孩子非得藉由表現出理想行為才能取得，那麼會格外具有效果。

❻ 增強物的種類應該要多元。假設珍妮每次都得到一樣的事物，時間一久，她就會失去興致，導致這項增強物再也不具效果。擬定一份增強清單會頗有助益。

❼ 世上沒有所謂一體適用的增強物。對迪克來說有增強效果（或是厭惡效果）的事物，對珍妮而言則未必如此。挑選增強物的時候，我們必須確定它對孩子真的有效果。要是一項事物沒有增強效果（至少在那個情境下沒有），那麼無論我們覺得它多棒，都不能算是「增強物」。

❽ 要讓珍妮知道自己為何獲得增強，又為何遭到懲罰。

❾ 給予獎勵的時候要順帶解釋背後的原因，譬如：「珍妮，妳今天有記得帶作業來！很棒！得到代幣一枚。」

❿ 增強由「誰」給予，會有舉足輕重的影響。若是某個我們欣賞的人不吝稱讚我們的表現，效果通常會比某個我們不在意的人評論我們要來得好。

⓫ 增強方案可以偷偷「放水」，讓參與其中的人一開始就能輕鬆獲得增強。畢竟，要是一開頭就遇到困難、撞得滿頭包，孩子可能會就此拒之於千里之外。

⑫ 任何契約協定都應公平、公正,且詳細清楚。

⑬ 有的時候,其他孩子會忌妒迪克總是得到特殊待遇,因而有所不滿。不過,我們可以改變獎勵制度,只要迪克表現好,不只是他自己得到獎勵,全班也都會獲得獎勵。如此一來,他甚至可能會在同學中變得更受人歡迎。

⑭ 有的時候,我們能找出是什麼刺激或條件,促發了目標行為發生。還記得前面提過的「區辨性刺激」吧?一旦找出源頭,我們便能稍做調整,而通常這樣就足以改變目標行為了。舉例來說,假如迪克每次坐在某位同學附近,都特別容易大吵大鬧,那麼解決方案似乎就是讓他們坐在教室兩端,互不靠近。

ABA 原理和程序有許多好處,請見下列:

❶ ABA 的應用範圍極其廣泛,幾乎無所不包。Cautela 和 Ishaq(1996)出版過一本書,其中討論了行為原理在許多領域中的應用,譬如藥物濫用、人類免疫缺乏病毒(human immunodeficiency virus, HIV)防治、大專院校教學、貧窮、運動與競技,以及老年病學(geriatrics)等。

❷ ABA 的技巧奠基於實驗基礎,要是某項技巧毫無效用,就應當捨棄。換句話說,我們應鼓勵大家多加實驗。另外,種種實證證據已經顯示,要是面對相似的問題,行為改變技巧比其他方法還要有效許多。

❸ 比起其他方法,以 ABA 為基礎的介入方案可以依據個人的需求和學習風格,量身調整及設計,而不是遇到誰都用一樣的方法,忽略了每個人的差異。

❹ ABA 方案會設下具體、可測量和觀察得到的行為目標,如此一

來，我們便能輕易檢視目前的方法是否有效。

❺ 每個人無時無刻都在修正自身的行為，因此我們要治療、教育孩子的時候，可以輕易納入某種形式的行為療法。

❻ 行為改變的結果多半是可逆的，不管孩子學到了什麼，通常都能夠讓他遺忘，而不管孩子忘掉了什麼，也通常都能夠讓他重新學起來。

而現在，你大概已經發現，自己其實早已使用過許多應用行為分析的原理和技巧，或是看到別人運用這些方法來治療和教育孩子。我們前面提過，很多行為改變技巧說穿了，不過是比較有系統和效率地應用一些常識罷了。

恭喜，你現在對 ABA 已經有一定程度的理解了！不過，除非你接著去進修深造、獲取更多相關訓練，不然暫且還是讓真正的專家來吧！畢竟，像這樣一本入門階級的書，不大可能面面俱到，但我真心盼望，經過這一番解釋後，大家會了解不少 ABA 世界中所用的專業術語和概念。當然，要是你發現書中某些解釋跟孩子所接受的行為方案，似乎有些出入，或是你聽到別人用了其他的專有名詞，請務必請教一下這些專家，請他們用淺白的語言解釋，接著將這些名詞集結成一份專屬於你自己的附錄，放進這本書的後面。如此一來，本書就會更加全面，並且更加符合個人的需求。假設不方便請教專家的話，本書的附錄和參考文獻，皆收錄了不少值得參考的書籍，可以幫助你釐清複雜的專業術語，以及進一步了解各種困難的概念。祝你好運！別忘了要時時注意孩子的行為，抓住機會獎勵他們的「優良行為」！

附錄　延伸閱讀

　　讀到這裡，我衷心盼望本書會讓你想進一步了解 ABA 的大小事。當然，我在本書中已經提及許多基本知識，應該足夠讓你講起 ABA 時有幾分底氣。不過，前述所提到的 ABA 知識，其實不過是冰山一角。

　　在原文書第一版中，我問讀者說，如果要出第二版的話，他們有何建議。我收到不少意見，也試著在合理範圍內將這些意見納入本書中。大家除了希望書中能收錄更多的名詞解釋，也常常提到：「我們想知道怎麼做 ABA，請給我們更多資訊！」尤其是各種行為技巧的細節和實際案例，更是呼聲極高。但是，這本書最初的定位就是短小精悍的入門書，實在難以收錄所有事情，還請讀者見諒。

　　如果你真的想深入了解 ABA 的各種細節，或甚至是運用這些技巧來協助自己的孩子，市面上其實已有不少好書，有些是近期出版，有些則頗有歷史。在出版日期早一些的書中，ABA 多半被指稱為「行為改變」。

　　有些人會覺得越新的事物越好，但如今許多學校和個人，其實根本沒有足夠的經費來應付自身的基本需求，更遑論讓圖書館購置最新的書籍和

教材。我大致瀏覽過一些學校和其他地方的圖書館藏，看看這些地方是否有些值得一讀的書籍。一番尋找後，我還真的找到了一些「歷久彌新」的好書。它們可能束之高閣，封面上還有些灰塵，但絕對非常實用！

既然如此，在我動筆寫另外一本「該怎麼進行 ABA」的書籍以前，我能做的就是推薦幾本教大家如何實際操作 ABA，而且不難取得的好書。除此之外，你無須接受過心理學訓練，多半也能讀懂這些推薦書籍。欲知詳細資訊，譬如作者和出版社等，請參見本書的參考文獻。

關於如何實際操作 ABA，我推薦家長們 Gerald Patterson 於 1976 年出版的《與孩子一起生活》（*Living With Children*）及 Wesley Becker 於 1971 年出版的《父母即教師》（*Parents are Teachers*）。這兩本好書皆深入探討了各種行為原理，並且針對孩子的特定行為，提出適合的應用方法。

對於因為孩子的種種行為而挫折喪志，甚至想要訴諸厭惡控制的家長，Glenn Latham 於 1994 年出版的《正向教養的力量》（*The Power of Positive Parenting*）會是一本相當有用的書。另一本介紹給各位父母的好書，則是 1972 年出版的《改變孩子的行為》（*Changing Children's Behavior*），作者是 John Krumboltz 和 Helen Krumboltz 這對夫妻檔。書中列舉許多孩子常見的行為問題，並且提供不少奠基於行為原理的解決之道。

無論是不是自閉症患者，如何與人應對進退都將是許多孩子會碰到的主要問題。由 S. Holly Stocking、Diana Arezzo 和 Shelly Leavitt 共同撰寫、並於 1979 年出版的《幫助孩子交朋友》（*Helping Kids Make Friends*），會是不錯的讀物，篇幅雖然不長，但對任何成年讀者來說都會極有幫助。

孩子有特殊需求的父母和照顧者，不妨讀讀 Bruce Baker 等人撰寫，出版於 2004 年的《邁向獨立》（*Steps to Independence*），絕對會獲益良多。這本書收錄了不少方案，主要是用以教導孩子日常生活的技巧，譬如自我

協助、如廁，以及遊戲技巧（play skill）等。《邁向獨立》的系列叢書誕生於作者群在「自由營隊」（Camp Freedom；美國最早以行為原理為導向的夏令營，專收有特殊需求的孩子）工作下來的心得。回想一下，1970 年代的時候，Baker 其實是教導我行為改變技巧的老師，所以這本書可說是歷史悠久，但儘管如此，《邁向獨立》一直有更新再版，想必還是相當值得一讀！

現在市面上的好書越來越多。舉例來說，由 Beth Glasberg 於 2005 年出版的《自閉症的功能性行為評量》（*Functional Behavior Assessment for People with Autism*），便提到不少本書中的概念，並且深入講解該如何加以應用。

對於父母來說，Mary Lynch Barbera 於 2007 年出版的《語言行為途徑：自閉症和相關障礙兒童的教學方法》（*The Verbal Behavior Approach: How to Teach Children with Autism and Related Disorders*），也會是極其有用的一本書，因為書中解釋了該如何運用 ABA 的方法，去幫助在家中有溝通問題和其他問題行為的孩子。

再來，Tyler Fovel 於 2002 年出版的《ABA 方案手冊》（*The ABA Program Companion*），不但探討 ABA 的基本原理，也詳細講解該如何應用這些原理在孩子身上。要是你正在設計 ABA 方案，並且打算藉此幫助孩子，這絕對是不容錯過的好書。另外，不管當初是誰提議要我在書中多講一些可以「如法炮製」的方法，Tyler 的這本書絕對適合你！

由 Mickey Keenan、Ken Kerr和 Karola Dillenburger（1999）所編撰的《給父母的自閉症治療教育》（*Parents' Education as Autism Therapists*），也是相當有趣的一本書，其中集結不少文章，聚焦討論該如何運用 ABA 原理來幫助自閉症的孩子。作者群皆是「父母自閉症治療教育協會」（Parents Education as Autism Therapists, PEAT）的成員，主要宗旨是將

ABA 的訓練帶入北愛爾蘭，協助父母教育家中的自閉兒。這本書大略描繪了 ABA 世界的種種，並且提供大量實例，讀者將會了解該如何於專家的指導下施行 ABA 的療法。另外一本書則是 Keenan 等人所編撰的《應用行為分析和自閉症》（*Applied Behavior Analysis and Autism*），於 2006 年出版。這本書新增了不少個案研究，也收錄了一些由父母所撰寫的文章。Anthony Graziano 於 1971 年時也撰寫了《給孩子的行為治療》（*Behavior Therapy With Children*）一書，書中收錄許多有趣的個案，值得一讀。

對於喜歡用「問答形式」檢索 ABA 資訊的人，我可以推薦兩本書。第一本是 2006 年出版的《如何像個行為分析師一樣思考》（*How to Think Like a Behavior Analyst*），作者是 Jon Bailey 和 Mary Burch。這本書回答了很多基本的問題，並且強而有力地辯駁了不少關於 ABA 的誤解和批評，可說是相當不錯。第二本則是 2013 年出版的《如何在家中實行 ABA 方案？給父母的指南》（*The Parent's Guide to In-Home ABA Programs*），作者是 Elle Olivia Johnson。很多家長常常不知道該如何在家中實行 ABA 方案，這本書一一解答他們的疑惑，甚至還一併回答了不少家長沒有問，但應該要問的問題。

除此之外，我還想提幾本相當出色的大學用書。Murray Sidman 於 1989 年出版的《脅迫與附帶作用》深入探討懲罰及厭惡控制的優缺點，絕對值得參考。另外，Beth Sulzer-Azaroff 和 Roy Mayer 的《給學校教職人員的行為改變程序》（*Behavior Modification Procedures for School Personnel*）雖然初版時間是 1972 年，對於在第一線面對孩子的現場教師來說，卻仍是歷久彌新的一本書，因為書中提供了相當詳盡的參考資料。

Sidney Bijou（1995）的《兒童發展的行為分析》（*Behavior Analysis of Child Development*）是一本篇幅不長的入門書籍，主要是帶著讀者以行為的觀點來觀察兒童發展這一回事。這本書初版的時間為 1961 年，後來

1995 年時又另外出了修訂版。再來，Roland Tharpe 和 Ralph Wetzel 於 1969 年出版的《自然環境中的行為改變》（*Behavior Modification in the Natural Environment*），則主要是講解他們所建立起來的一套諮商模型，讓位處第一線、面對行為不當孩子的治療者，譬如父母、教師和其他照護者，可以順利實行 ABA 治療。這算是相當進階的一本書，但應該頗為適合專業的行為分析師，或是參與 ABA 訓練和諮商方案、負責協助家長和現場教師的人員。

不少用於幫助孩子的行為方案，都會用到某種形式的代幣制度。有鑑於此，我在此推薦兩本值得一讀的好書，給目前正忙著建立、管理代幣制度的朋友參考。這兩本書分別是 Alan Kazdin 於 1977 年的著作《代幣制度》（*The Token Economy*），以及 Ted Ayllon 和 Nate Azrin 1968 年的著作《代幣制度》（*The Token Economy*）。是的，你沒看錯，這兩本書的書名一模一樣，著實讓我困惑了半天。總之，Kazdin 的書梳理了代幣制度的歷史背景、種類，以及講解如何使用代幣制度，還有如何讓代幣制度退場。Ayllon 和 Azrin 的書，則是詳細書寫他們 1960 年代時，在美國伊利諾州的安娜州立醫院（Anna State Hospital）所建立的一套制度，很多人認為這是代幣制度的最初原型。對歷史有興趣的讀者，不妨一讀。

要是你早已讀完本書，甚至還一併讀了我所提到的好幾本推薦讀物，那麼你或許會想要挑戰看看更「學術」一些的文本。要是如此，我推薦 John Cooper、Timofey Heron 和 William Heward 於 2007 年出版的《應用行為分析》（*Applied Behavior Analysis*；中文版由美國展望教育中心出版），這本書不但言之有物，而且極其詳盡、完整，絕對會令人獲益良多。最後，如果你只是想要多了解一點行為主義，千萬別錯過 Skinner 1976 年的經典之作《關於行為主義》（*About Behaviorism*）。

話說回來，其實市面上許多書籍、CD、DVD 和影片等資源，對於想要幫助兒童或青少年的人來說，可說是受用無窮。除了 Jessica Kingsley 出版社以外，坊間不少出版社也會出版這方面的書籍。有興趣的話，不妨上他們的網站瞧瞧，或是拿一份出版目錄來參考看看。

如前所述，我所提到的推薦讀物，很多其實已經出版好一陣子了。但可別忘了，學習的原理從古至今並沒有太大的變化，再加上這些書籍並不難取得，顯然還是頗受歡迎，而且頗為管用。好好享受你的閱讀之旅吧！未來實行 ABA 治療的時候，願「增強」時時與你同在！

參 考 文 獻
References ● ● ●

Ayllon, T. and Azrin, N. (1968) *The Token Economy*. Englewood Cliffs, NJ: Prentice-Hall.

Bailey, J. and Burch, M. (2006) *How to Think Like a Behavior Analyst*. New York, NY: Routledge.

Baker, B. L., Brightman, A. J., Blacher, J. B., Heifitz, L. J. *et al.* (2004) *Steps to Independence*. Baltimore, MD: Brookes Publishing.

Bandura, A. (ed.) (1974) *Psychological Modeling: Conflicting Theories*. New York, NY: Lieber-Atherton.

Barbera, M. L. (2007) *The Verbal Behavior Approach: How to Teach Children with Autism and Related Disorders*. London: Jessica Kingsley Publishers.

Becker, W. C. (1971) *Parents are Teachers*. Champaign, IL: Research Press.

Bijou, S. (1995) *Behavior Analysis of Child Development*. Reno, NV: Context Press.

Cautela, J. R. (1970) Personal communication, January 1970.

Cautela, J. R. and Groden, J. (1978) *Relaxation: A Comprehensive Manual for Adults, Children and Children with Special Needs*. Champaign, IL: Research Press.

Cautela, J. R. and Ishaq, W. (eds.) (1996) *Contemporary Issues in Behavior Therapy: Improving the Human Condition*. New York, NY: Plenum Press.

Cautela, J. R. and Kearney, A. J. (1986) *The Covert Conditioning Handbook*. New York, NY: Springer.

Cautela, J. R. and Kearney, A. J. (1990) "Overview of Behavioral Treatment." In M. E. Thase, B. A. Edelstein and M. Hersen (eds.) *Handbook of Outpatient Treatment of Adults*. New York, NY: Plenum Press.

Cautela, J. R., Cautela, J. and Esonis, S. (1983) *Forms for Behavior Analysis with Children*. Champaign, IL: Research Press.

Cooper, J., Heron, T. E. and Heward, W. L. (2007) *Applied Behavior Analysis* (second edition). Upper Saddle River, NJ: Prentice-Hall.

Fovel, J. T. (2002) *The ABA Program Companion*. New York, NY: DRL Books.

Glasberg, B. A. (2005) *Functional Behavior Assessment for People with Autism*. Bethesda, MD: Woodbine House.

Goldstein, A. P., Sprafkin, R. P. and Gershaw, N. J. (1976) *Skill Training for Community Living: Applying Structured Learning Therapy*. New York, NY: Pergamon.

Gray, C. and White, A. L. (eds.) (2002) *My Social Stories Book*. London: Jessica Kingsley Publishers.

Graziano, A. M. (ed.) (1971) *Behavior Therapy With Children*. Chicago, IL: Aldine.

Graziano, A. M. and Kean, J. E. (1967) "Programmed relaxation and reciprocal inhibition with psychotic children." In *Proceedings*, 75th Annual Convention, pp. 253–254. Washington, DC: American Psychological Association.

Groden, G. (1993) "Treatment of Inappropriate Emotional Responding to Criticism by a Young Man with Autism Using Covert Conditioning." In J. R.

Cautela and A. J. Kearney (eds.) *Covert Conditioning Casebook*. Pacific Grove, CA: Brooks/Cole.

Johnson, E. O. (2013) *The Parent's Guide to In-Home ABA Programs: Frequently Asked Questions About Applied Behavior Analysis for Your Child With Autism*. London: Jessica Kingsley Publishers.

Kazdin, A. (1977) *The Token Economy*. New York, NY: Plenum.

Keenan, M., Kerr, K. P. and Dillenburger, K. (eds.) (1999) *Parents' Education as Autism Therapists: Applied Behavior Analysis in Context*. London: Jessica Kingsley Publishers.

Keenan, M., Henderson, M., Kerr, K. P. and Dillenburger, K. (eds.) (2006) *Applied Behavior Analysis and Autism*. London: Jessica Kingsley Publishers.

Krumboltz, J. D. and Krumboltz, H. B. (1972) *Changing Children's Behavior*. Englewood Cliffs, NJ: Prentice-Hall.

Latham, G. (1994) *The Power of Positive Parenting*. North Logan, UT: P & T Ink.

Lovaas, O. I. (1987) "Behavioral treatment and normal educational and intellectual functioning in young autistic children." *Journal of Consulting and Clinical Psychology 55*, 3–9.

Nikopoulos, C. and Keenan, M. (2006) *Video Modeling and Behavior Analysis*. London: Jessica Kingsley Publishers.

Patterson, G. R. (1976) *Living with Children*. Champaign, IL: Research Press.

Reynolds, G. S. (1968) *A Primer of Operant Conditioning*. Glenview, IL: Scott Foresman.

Sidman, M. (1989) *Coercion and its Fallout*. Boston, MA: Authors Cooperative.

Skinner, B. F. (1957) *Verbal Behavior*. New York, NY: Appleton-Century-Crofts.

Skinner, B. F. (1968) *The Technology of Teaching*. New York, NY: Appleton-Century-

Crofts.

Skinner, B. F. (1976) *About Behaviorism*. New York, NY: Vintage Books.

Stocking, S. H., Arezzo, D. and Leavitt, S. (1979) *Helping Kids Make Friends*. Allen, TX: Argus Communications.

Sulzer, B. and Mayer, G. R. (1972) *Behavior Modification Procedures for School Personnel*. Hinsdale, IL: Dryden Press.

Tharpe, R. G. and Wetzel, R. J. (1969) *Behavior Modification in the Natural Environment*. New York, NY: Academic Press.

The Oxford American Dictionary and Guide (1999) New York, NY: Oxford University Press.

Ullman, L. P. and Krasner, L. (eds.) (1965) *Case Studies in Behavior Modification*. New York, NY: Holt, Rinehart and Winston.

Webster's New Collegiate Dictionary (1976) Springfield, MA: G.C. Merriam Co.

Wolpe, J. (1958) *Psychotherapy by Reciprocal Inhibition*. Stanford, CA: Stanford University Press.

Wolpe, J. and Wolpe, D. (1988) *Life Without Fear*. Oakland, CA: New Harbinger.

國家圖書館出版品預行編目（CIP）資料

應用行為分析入門手冊／Albert J. Kearney著；
　孟瑛如，簡吟文，吳侑達譯. --初版. -- 新北市：
　心理，2018.09
　　面；　公分.--（障礙教育系列；63153）
　譯自：Understanding applied behavior analysis: an introduction
to ABA for parents, teachers, and other professionals
　ISBN 978-986-191-839-6（平裝）

　1. 行為改變術

178.3　　　　　　　　　　　　　　　　　　107014680

障礙教育系列63153

應用行為分析入門手冊

作　　者：Albert J. Kearney
譯　　者：孟瑛如、簡吟文、吳侑達
執行編輯：林汝穎
總　編　輯：林敬堯
發　行　人：洪有義
出　版　者：心理出版社股份有限公司
地　　址：231026新北市新店區光明街288號7樓
電　　話：(02) 29150566
傳　　真：(02) 29152928
郵撥帳號：19293172　心理出版社股份有限公司
網　　址：https://www.psy.com.tw
電子信箱：psychoco@ms15.hinet.net
排　版　者：菩薩蠻數位文化有限公司
印　刷　者：辰皓國際出版製作有限公司
初版一刷：2018 年 9 月
初版二刷：2021 年 2 月
Ｉ Ｓ Ｂ Ｎ：978-986-191-839-6
定　　價：新台幣 230 元